北京电影学院视听传媒专业系列教材

视听新媒体受众研究

谢 辛 著

浙江摄影出版社
全国百佳图书出版单位

本书系“本科教学质量提高教学研究项目——视听传媒学院教材建设（一期）”成果之一

编者的话

新媒体时代的来临，促使影像艺术创作发生自主转型。这种转型与时代发展、媒介变革和人文进步等密切相关，既体现出新媒体新的内涵，又将时代与人物命运的议题摆在我们面前。人类发展离不开媒介，人类借助媒介交流信息、启发思考，推进文明。新媒体的常态化，促使人们之间信息、情感交流变得更为便捷、交互和细化。人类，逐渐走向新媒介生存的场域之中。

站在这个全新的场域中，我们倍感欣喜地认知他者、社会和自我。时代赋予我们认知的权利，媒介赋予我们认知的能力，而影像，更是成为新媒体时代人们日常交流的工具。视听新媒体的诞生加速了人类文明的进程，短视频、网络直播、自媒体等新形态的出现，为艺术创作提供了一种全新的思路；传统电影的新媒体化转型，表明了电影艺术在新媒体时代有了较好的适应力；更为广阔的受众群体的转型，更是体现出大众文化和流行文化等多元文化的发展对人类产生的深刻影响……我们生活在美好的新时代，展望多元的新媒介发展，带着欣喜，带着渴望，更带着教育工作者的责任！

二十多年前，我曾与浙江摄影出版社合作，主编《北京电影学院摄影专业系列教材》。至今，全国各高校依然在使用这套教材。在二十多年后的今天，有幸再次与浙江摄影出版社合作，主编这套《北京电影学院视听传媒专业系列教材》。本套教材，尚属国内首批视听传媒专业教材，教材的出版，将有益于当今中国高校视听传媒专业教育的发展，对各高校创建视听传媒专业无疑是雪中送炭。

在此，要特别感谢各位编委，正是因为大家的辛勤努力，才有了本套教材的问世。

感谢浙江摄影出版社几十年来对我们工作的支持与帮助。当然，此套教材在编写与出版过程中难免会有不完善之处，敬请各位老师、同学和读者谅解，我们会在今后的工作中加以完善和改进。

谢谢！

宿志刚

北京电影学院视听传媒学院院长

2021年4月

目　录

序　新时代·新媒体·新受众

对于当下新媒介环境的受众而言，新的时代赋予我们新的认知和新的体验，不仅指向时代、社会、文化等传统宏达视角的场域性表征，更与新的生存样态紧密关联。在新时代，我们借助新媒体，成为新受众。对受众样态的研究素来是传播学理论研究和现象分析的主流，麦奎尔的《受众分析》对受众理论进行详细的理论化阐释，为后人选择受众研究的理论依据提供充实而完备的基石。而作为当下新时代新媒体环境中的新受众，我们对受众研究的关注，即是对我们自身的关注。

在这种情况下，作为研究者和教学工作者，理应更具有时代感和责任心，对新受众研究的关键在于以下四点：

一、根植当下技术发展影响下产生的受众诸多样态，以“身临其境”的体验式态度面对受众和受众研究。

二、联系传统受众研究和当下受众样态发展现状，对受众研究进行有理论的、有思想的深度拓延。

三、建立媒介生态化思维，注重新受众赖以生存的新媒介对受众的影响。

四、教学需要与时俱进，体会学生的新偏好、新文化和新表征，用心去感知新时代的脉搏，并在这个过程中强化主导意识和正能量。

因此，回归作为一门课程的《视听新媒体受众研究》，需要教师以一种能够接受和包容的先导心理，切入新时代、新媒介、新受众个体 / 群体之中，完成《视听新媒体受众研究》尤其是针对视听新媒体受众课程的广泛性、深度性和直观式教学，达到寓教于乐和与时俱进的教学目标。在教学过程中，也需注重两个维度：

教学形式——可以采取与新媒介对应的慕课形态，激发学生潜在的学习兴趣，加固学生对课程学习和受众认知的黏性；

教学内容——内容维度注重横向学科之间的交叉性和跨学科属性，纵向的、垂直的延伸维度；还需将教师科研成果与教材内容之间形成较好转化。

本书正基于这种全新的时代、全新的媒介带来的全新的人类思维方式，对受众研究课程与理论、实践之间的关联进行整合，最终形成具有时代特色以及北京电影学院视听传媒学院特色的课程内容。

谢 辛

2021 年 4 月

前　言

▼ 主要内容与学习目的

本书为北京电影学院视听传媒学院“视听新媒体受众研究”课程教材，主要内容分为两大部分，第一部分为受众研究基础理论，第二部分为受众研究的新形态。两部分之间呈现出传统与创新、理论与实践结合的鲜明特征。两大部分共8章，满足北京电影学院视听传媒学院“视听新媒体受众研究”课程体量（8周32学时或16周64学时），内容进度将根据具体行课安排进行调整和完善。

读者除视听传媒学院学生，也涵盖受众研究的理论研究者、爱好者、高校相关专业教师和业界人士。本书并没有针对某一类读者群体进行着重阐释或者区分对待，而是尽可能全方位地对新时代、新媒介、新受众进行详述。

因此，在本书讲解和读者阅读过程中，就学习目标而言，提如下三点建议：

学生要在学习过程中自主养成理论联系实践的思维方式，将受众研究的理论体系和理论成果紧密结合当下视听新媒体的业态环境。

需将传统的院线电影观影视角，逐步转向互联网以及“互联网 +”所带来的影像媒介传播新载体，以视听新媒体人的创作理念和思路，进行适合视听新媒体行业发展的尝试。

学生需不断加强问题意识，多思考，大胆试“错”，适应慕课等新的上课形式，最终在学习和实践中感知社会、人性，最终实现认清自我的终极目标。

▼ 研究对象与研究方法

本书的研究对象用一句话概括，即为视听新媒体时代的受众样态。

我们所说的视听新媒体受众样态，是一个较为虚拟和广泛的概念，并非指向完全真实存在的个体或群体，也可能涉及依托5G、AI、VR等技术的未来虚拟受众想象；受众按照不同划分方式将以细化、整合的形式出现在本书中，因此对本书每个章节的理解都要带有一种受众思维，从了解他人进而了解自我的视角切入。另外，视听新媒体行业以及视听新媒体涉及的内容范畴等，在《视听新媒体概论》（人民邮电出版社，2019）和《视听新媒体传播概论》（中国电影出版社，2020）中已有涉及，这两本专著由视听传媒学院院长宿志刚教授和谢辛博士一同完成，也是视听传媒学院相关课程的专用教材。关于视听新媒体受众的理论研究，参见本书作者谢辛已出版的专著《视听新媒体受众生态位研究》（中国国际广播出版社，2020）。

对受众的研究主要采取质性研究方法，从现象研究入手，对理论所能覆盖的受众、实践等进行定量和定性的阐释，让学生从创作者的视角出发，学完本书之后能够明白当下新受众需要的是什么，作为创作者能给予受众的是什么，如何把握创作思维与受众、市场之间的“度”。

另外，本书撰写与《视听新媒体概论》和《视听新媒体传播概论》方式对应，用最直观、简洁的方式，将“概论”用较为通俗易懂的方式撰写，辅以部分作者相关科研论文成果，并与作者的《视听新媒体受众生态位研究》等博士论文、理论研究专著内容既有区分，又保持联系，并引导读者对受众研究产生兴趣，进一步拓展阅读相关书籍，打造有关视听新媒体受众研究的生态式、矩阵式教学。

▼ 思考题

1. 结合自身经验，谈谈你对这门课程的理解。
2. 结合当下视听新媒体行业案例，阐释你对理论与实践结合的看法。

第一部分　受众研究基础理论

第一章
受众与受众研究

1

▼ 本章阅读提要

本章内容主要涉及有关“受众”概念的基础性知识，包括受众定义、发展历程、受众类型和受众研究理论等相关内容。在阅读过程中，要求读者从自身角度出发，对受众的人与人之间的关联、人与社会、媒介等主客观因素之间的关联有一个基本认知。

第一节　受众基础概念

▼ 受众的定义

受众（Audience）是对“传播者—受众”形成的传—受关系中“接受者”（Receiver）的统称。丹尼斯·麦奎尔（Denis McQuail）认为:“受众被简单地认为是一个或另一个媒介渠道、这一类或那一类媒介内容或表演的读者、听众或观众。”①

在视听新媒体时代，由于视听新媒体所属的媒介环境改变，导致受众发生多重形态的改变。就定义而言，受众不再是传统意义的“接受者”，而是转向传播者与受众合一的传—受者维度。

因此，对于当下不同学科背景的学生来说，在理解受众概念时，务必对受众的概念有发展性的眼光以及基于这种发展性眼光的发展性认同。我们身处视听新媒体环境，我们生产并实现视听新媒体的传播。

▼ 受众发展历史

我们对受众最初的理解，来自人们聚集在某个特定地点、场域的行为有关。比如古罗马竞技场内，围观人与猛兽争斗的观众，即具有接受者意味的受众。

① [英]丹尼斯·麦奎尔.受众研究[M].北京:中国人民大学出版社，2006：2.

图 1-1　古罗马竞技场（图片来自 enjoyrome.com）

麦奎尔指出，古希腊、罗马的受众与今天的受众有很多相似之处，其特征如下：

与表演本身一样，观看和收听是有计划和有组织（Organization）的；

事件具有公共的（Public）和“大众的”（Popular）特征；

表演内容是世俗的（Secular）而非宗教的——如娱乐、教育和替代性情感体验；

对事物的选择和关注是志愿的（Voluntary）个人行为；

作者、表演者和观看者是专门化（Specialization）的；

现场（Locatedness）表演，观看者亲临现场（Locatedness）观看。[1]

我们该如何理解这段话？

第一，麦奎尔强调了“表演”概念，可以说从古代最初的受众概念开始，受众就不是单纯的观看者，而是同时具备表演者也是被观看者的身份特征。我们再看竞技场上的双方争斗者，争斗的双方实际上也在看周围的观众。进一步延伸麦奎尔的言论，这种计划性和组织性与观众观看的有序座次直接相关，也体现出受

① ［英］丹尼斯·麦奎尔 . 受众研究［M］. 北京：中国人民大学出版社，2006：3.

图 1-2　5G 的技术利好示意图（图片来自 thattechguru.com）

众从一开始就自带的规训特质。

第二，公共的、大众的特征与受众人数正相关，个体与个体组成群体，多群体受众则指向更广泛的社会视角，也就是公共、公开的大众视角。

第三，世俗性，与大众的“大”对应，体现出较为粗放、整体性的概念指涉，如果具体到当下视听新媒体逐渐消解的大众转而步入分众的现实来说，世俗性并非消解，而是演变为与聚类分众对应的统一内核——娱乐、流行文化等多重“世俗性”的新形态。

第四，志愿与自发性、主动性对应，体现出受众强大的主观能动性。专门化则体现出作者、表演者和观看者三方在专业化程度上的契合。只有专业的“作者”，才能指导专业的“表演者”进行表演，进而吸引和影响专业的“观看者”进行观看和评价，从而获得专业的反馈，最终形成专业的闭环模式。

然而，早期受众的这种“在场性”也决定其规模数量的标准远远低于今天媒介化的社会。新兴媒介一次又一次的革新，也将受众的范围逐渐扩大。麦奎尔认为今天的受众，“人数更多，更加分散，也更加个体化和私人化”。

从媒介自身发展的形态不难看出，无论平面媒介（报纸、杂志等）还是视听媒介（电影、电视等），似乎都取决于受众的心理满足与不断助长的心理期待。

因此，这也成为我们理解媒介、理解受众的关键。尤其对于即将全面常态化的5G时代而言，媒介技术的一次次变革，推动媒材的不断更新，更影响受众心理逐渐从适应、创新到智能化的过程，借由5G技术能够实现的最终目标，我们无法在当下做出准确预估，但一定是值得期待和富有想象力的。

▼ 受众的形态

受众，顾名思义，意为“接受的人”，所以受众最重要的特征即为接收信息。传统媒介中的受众，以单向接受为主，比如听广播的人，借助一个收音机收听单向的、线性的、时间性的节目。虽然当下一些广播节目有互动的过程，但都借助于电话、互联网（微信公众号、微博、直播平台等）等其他媒介介质完成，而非广播本身自带的功能。

当下媒介形态的多样化，使我们看到有诸多以视听新媒体为主要视听内容的多元呈现，受众能够接受的信息可谓海量。在这种情况下，单向接受逐渐转为传—受合一的形态。受众不再是传统意义的“被动”接受者，而是具有主动性、自主意识和创造力的生产者和传播者。

因此，我们在理解受众的形态时，需要首先对其所处的时代特质进行区分，而不能直接对受众进行区分。不同时代的受众表现不尽相同，其形态也会各具特色。

第二节　受众研究的多重视角

▼ 大众传播理论研究

麦奎尔认为，“大众文化”（Mass Culture）、“低级趣味”（Low Taste）和“大众受众”（Mass Audience）等都是等同的同义语。这种思维方式被依恩·安（Ien Ann）看作是“大众文化意识形态”（Ideology of Mass Culture）。不难看出，当大众文化初现雏形时，就与低级趣味相耦合，近似于克莱门特·格林伯格 (Clement

Greenberg) 提出的 Kitsch[①] 概念。某种“先入为主”式的批判性直接引入，导致大众传播理论研究从一开始就带有明显的批判意味。

对大众文化进行更明显和直接批判的是法兰克福学派（Frankfurt School），其直接继承了马克思主义传统，是“西方马克思主义”的一个流派。该学派的理论来源为马克思关于分析、批判资本主义的理论，是“西方马克思主义”卢卡奇等人的理论继承者。这一学派还受到黑格尔、康德、弗洛伊德和浪漫主义等西方主流哲学思潮的影响。在批判资产阶级意识形态的同时，法兰克福学派更进一步形成对整个“意识形态的批判”。该批判理论认为，消费者和受众的一切需求都属于“虚假需求”（False Needs），是一种被刺激的需求，且充分满足资产阶级的利益。

站在当下视听新媒体时代的理论视角，我们说这种批判性实际上是延续至今的。在今天，我们对依旧庸俗的、媚俗的流行文化进行批判，但批判的目的发生了转变，我们不再将大众一股脑的分为某个利益集团或群体的外显，而是将大众细分为更多的分众，从不同分众群体的多元表现中找到群体与群体之间的差异和联系，并进行比较式 / 独特式阐释，使我们对大众传播理论的批判呈现出更客观和务实的表征。而大众传播理论的核心“大众”也出现与“分众”对应的转型，受众研究需要新的视野和方法。

▼ 受众测量的结构性研究

詹森和罗森格伦（Jensen and Rosengren，1990）将受众研究分为以下五类：

1. 效果研究（Effects）。

2. 使用与满足研究（Uses and Gratifications）。

3. 文学批评（Literary Criticism）。

4. 文化研究（Cultural Studies）。

① 出自德语，“刻奇”，或译为“媚俗”。格林伯格在《艺术与文化》中提出这一概念，他用 Kitsch 来形容消费主义的庸俗艺术。

5. 接受分析（Reception Analysis）。

麦奎尔将其简化为三类：

1. 结构性（Structural）。

2. 行为性（Behavioral）。

3. 社会文化性（Sociocultural）。

按照麦奎尔的分类，首先是受众测量的结构性研究。这是最早也是最简单的受众研究，它起源于媒介工业发展的需求。其研究目的在于，“获得某些未知量——尤其是早起广播的听众群规模和‘到达率’（Reach），以及报章等出版物的‘到达率’，一种潜在的读者数量而非发行量或印数——的可靠的测评数据。这些数据对于媒介经营，尤其是对于获得付费广告来说是必不可少的。除了受众群规模外，知道受众是谁（Who），他们在哪里（Where）——用这样一些基本指标来把握受众群的社会构成，也是非常重要的。”①

理解麦奎尔理论的关键在于，如何理解数据和测量之间的关联，以及结构性的含义。

首先，数据对于不同时期的受众研究来说，都体现出非常明确的研究指向性，数据为研究提供可供测量的基础，使研究能够呈现出定性与定量结合的特点。这也说明，受众研究从一开始就没有脱离数据，没有脱离定量研究的基础。所以，对于现在流行的质性研究而言，定量不是一件新鲜的事，而是有着深厚的研究传统。

其次，结构性指的是在某种整体性的媒介范围内，受众（个体）借助“流动”（Flow）、“接触”（Exposure）等心理与行为的表现，完成对整体的结构。这种结构不仅有关媒介，也关乎受众群体自身、社会责任、公共义务等人类社会所能辐射的范围和层面。

① [英]丹尼斯·麦奎尔．受众研究[M].北京：中国人民大学出版社，2006：24.

▼ 行为性研究与文化研究

从行为性研究的注重维度——媒介效果和媒介使用来看，行为性研究分为两类：

第一类，约瑟夫·克拉珀（Joseph Klapper）认为，早期大众传播研究注重大众媒介对少年儿童的潜在伤害和影响。因为受众被认为是“暴露”（Exposed）的，对媒介刺激毫无抵抗力。其“有限效果论”（又称“最低效果法则”）的提出，进一步界定了媒介对受众的影响力是复杂的，但并非普遍的。有研究者认为，这种说法过于强调大众传播的“无力性”和效果的“有限性”，这就脱离了现代信息社会的实情。因此，在 20 世纪 70 年代之后，这种研究遭到批判。

第二类，媒介使用成为焦点，受众不再是消极被动的、纯粹的“消费者”，而具有了一定的主动性。受众在选择媒介和媒介内容时，其动机或多或少可被解释。这是一种将心理学与受众研究结合的维度，也引申出一个亚研究内容——“使用与满足”。

麦奎尔认为：“文化研究处于社会科学和人文学科之间界限模糊的中间地带，与早前文学研究不同的是，它几乎是唯一关注流行文化的研究。”① “流行”一词，对于每个时代来说，都不可缺失。“流行”或在当时成为瞬时的风尚，或能成为后代延续的经典。文化研究能够赋予“流行”一词以理论化的阐释，尤其对于新的媒介形态而言，流行样态频出、流行议题纷呈，从文化角度对其界定，能够实现媒介、消费、文化在当下的三重指征。

回溯最初的受众研究，研究者对不同文化群体和社会群体对讯息的“解读”（Read）和“解码”（Decoded）的多样性，与信息传播者的“编码”（Code）之间存在差距。到了 20 世纪 80 年代，信息的多义性决定了受众“解码”的多义性。当媒介与人类的日常生活逐渐拉近时，我们越发明晰一个事实——人类的媒介心理和行为的出现、发生、发展过程，似乎基于某种潜在的文化语境。麦奎尔将这种文化研究的视角称为接受分析。该研究的特点归纳如下：

① [英]丹尼斯·麦奎尔．受众研究[M].北京：中国人民大学出版社，2006：27.

受众按照自己的理解对媒介文本进行“解读”（Read），并从中建构意义，获取愉悦（而这些从来都是不确定或不可预测的）。

受众感兴趣的正是媒介使用的过程及其在特定语境中的展现方式。

媒介使用是典型的特定环境的产物，以社会任务为取向，这是由参与“解释团体”而逐渐形成的。

不同媒介内容的受众通常由不同的“解释团体”构成，“解释团体”中的成员大体分享相同的话语形式和理解媒介意义的框架。

受众从来就不是被动的，受众中的成员也各不相同，其中一些人比其他人更有经验，也更积极主动。

研究方法通常是“定型的”（Qualitative）、深入的，一般采用民族志的方法，并且将内容、接受行为与语境结合起来进行考察（Lindlof，1991）。[①]

对麦奎尔的三种传统受众研究分类所做的表格如下表 1–1 所示（该表格来自麦奎尔所著的《受众分析》）：

表 1–1

	结构性	行为性	社会文化性
主要目的	描述受众构成，统计数据，描述社会关系	解释并预测手中的选择、反应和效果	理解所接受内容的意义及其在语境中的应用
主要数据	社会人口统计数据，媒介及时间使用数据	动机、选择行为和反应	理解意义，关于社会和文化语境
主要方法	调查和统计分析	调查、实验、心理测试	民族志、定性方法

① [英]丹尼斯·麦奎尔．受众研究[M]．北京：中国人民大学出版社，2006：29.

第三节　受众类型

▼ 受众的双重性

最初，受众处于某种对媒介的主动性控制之中，媒介为广大受众群体提供讯息，等待受众的反馈，从而引发社会效应。当下，媒介的发展即媒介的主动性逐渐增强，受众的思维与技术进化之间存在某种差异性，这源自年龄、知识结构、职业等多重人类社会的身份维度和认知维度。在这种情况下，不断进化的新媒介制造了与之契合的新受众。比如汉服群体，它与千禧年之后出生的网生代年轻受众直接对应，借助短视频平台的传播，又让汉服文化和汉服群体扩大，诞生粉丝群体。也就是说，形成带有汉服文化的汉服群体受众，以及其粉丝群体受众的叠加态，并形成更广泛的延伸，比如西安大唐不夜城的“不倒翁”小姐姐，它又能产生更广泛的粉丝和文化传播效应。

受众的双重性愈加明显：

媒介为满足受众而生产和传播讯息；

媒介变革带来新的受众样态。

图 1-3　汉服群体示意图（图片来自多维新闻）

如此一来，就呈现出麦奎尔所谓媒介创造的需求（Media-created needs）和受众“自发的”（Spontaneous）需求的双重性，而这种双重性在时代发展和技术进步的过程中逐渐融合。如今，接受者自发需求与传播者创造需求的融合更因为受众身份从单一受众逐渐转为传—受合一的维度而形成更紧密的关联。这将导致我们在理解受众双重性的时候，需先理解受众的新样态和新特征。

图 1-4 “不倒翁”小姐姐与围观粉丝（图片来自《看点快报》）

▼ 个体与满足群组

众所周知，受众一定是以某种单一的个体形态形成最基本的呈现，而个体与个体之间因为客观外界因素、共同目标、共同偏好和认知等聚集在一起形成了群体，群体与群体具有组别的规范性，因此也可以被看作群组。因群组的杂合性，导致群组呈现出既有共性又有个性的指征。针对群体，麦奎尔称“受众拥有共同的特点、相对同质化和稳定的构成”。[①]

“满足群组”（Gratification Set），指的是基于与媒介相关的兴趣、需求与偏好等多种可能性而形成或重组的受众。[②] 其中，“群组”概念的引入，表明组成群组的个体之间原本是分散的，并无关联的。赫伯特·甘斯（Herbert Gans）在 1957 年提出一个“品味文化”（Taste culture）的概念，指的是“被同一类人选择的相

① [英]丹尼斯·麦奎尔．受众研究[M]．北京：中国人民大学出版社，2006：38.

② [英]丹尼斯·麦奎尔．受众研究[M]．北京：中国人民大学出版社，2006：41.

似内容的总和”，其指向的不是人组成的群体，而是媒介产品的相似性。从甘斯提出的年代来看，后现代的无原则、无中心、消解一切的特质影响了广大受众的认知度，从而将传统的意识形态、知识堡垒等打造的群体破除，形成更细化的群体形态。而到了视听新媒体的当今时代，这种细化程度越来越高。“满足”的“群组”和“群组”“品味”的文化都带有新指征，需要新思维加以分析和阐释。

尤其在5G新技术时代，“满足”不仅倾力于全媒体的受众切实存在的兴趣、需求与偏好等需求，更与受众无意识的需求潜力正相关。此时，技术的推动作用溢现，也导致我们不得不将“满足”首先置于技术满足的领域。当然，对这一方面的认知还需谨慎。毕竟与技术相关的“满足”综合了时代、社会、文化等诸多因素，绝对不只是技术结构的单一影响。

▼ 新媒介与新受众

从《视听新媒体概论》和《视听新媒体传播概论》的学习过程中，我们不难发现当下新媒介的发展速度不容小觑，网络电影、网络剧、网络综艺、短视频、直播等都打造了一批新受众。这些新受众主要有以下几个特征：

一是年轻化。如新群体样态——Z世代（20世纪90年代中叶至2010年出生的群体，统指伴随互联网、手游、智能手机等科技变革而成长的一代人）的诞生。

二是媒介使用度较好。无论什么年龄段的受众，在面对新媒介时，那些能够较快接受、较好使用的群体便迅速成为新受众，而其余受众与其之间则存在明显的媒介“代际”。

三是媒介思维较强。新受众对媒介的接受能力普遍超过传统受众，同时具备新媒介思维，打破传统思维定式，或者根本没有思维定式。

这些新受众的形成和进化，对新媒介起到明显的推动作用。然而，我们不能忽视传统媒介的作用，即便它可能不再适合新的思维方式，但媒介的存在对人类的影响作用是不容小觑的，也值得我们取其精华而用之。

需注意的是，新媒介会给新受众带来欣喜，但同时媒介也会增加某种媒介揣测的力度。我们可以称之为悖论，也可以称之为博弈。下面是笔者于2020年2

月撰写的文章，从谣言 / 辟谣切入，对这种新媒介信息场的揣测性给予诠释：

“毁灭之网”：新冠疫情媒介辟谣的到达与“揣测”

【内容摘要】近来，新型冠状病毒性肺炎（Corona Virus Disease，COVID-19）疫情造成广泛的社会影响，引发民众热议。在全社会共同抗疫过程中，社交网络展示其高信息到达率的网络媒介优势。但信息真伪隐匿其中，辟谣成为该信息场 / 民众共向信息传播效果附加值，并促使有关“揣测”的媒介现象学研究成为关注焦点。

【关键词】辟谣　媒介　揣测　全民“狂欢”　悬念意识　“毁灭之网”

2020 年 1 月至今，新型冠状病毒性肺炎造成重大的疫情危机，世卫组织（WHO）将其认定为“国际关注的突发公共卫生事件”，大多数民众借助社交网络实现对疫情信息的实时获取、评论与传播，新浪微博、腾讯微信等成为主要的信息场。伴随信息的公开与传播，谣言也在不断升级，对整体社会情绪的稳定性造成反向刺激，摇摆不定、模棱两可的思维方式层出不穷，随之产生心理指涉非理性行为的出现，影响社会生活方式的理智、合理化建构。辟谣，也因此成为对抗谣言的利器。在这个悖反式的对抗过程中，鲍里斯·格罗伊斯（Boris Groys）媒介现象学提及的“档案符号表面的背后可以揣测到一种暗中的、亚媒介空间”①，或可推动我们重新认识基于媒介揣测的心理深层感知，因为“思考从一开始就是媒介揣测的一个形态（Figur）”。②

谣言作为关键词出现于社会事件中并非新鲜事物，这一古老的媒介传播方式始终与宗教 / 巫术等形成潜在关联。1935 年，印度学者巴萨德（J.Prasad）发文，就 1934 年 1 月 15 日印度比哈尔邦（Bihar-Nepal）地震期间的谣言传播曾进行有关心理学层级的研究，得出民众焦虑与谣言程度之间存在正比关系③。聚焦此次新

① [德]鲍里斯·格罗伊斯：揣测与媒介：媒介现象学[M].南京：南京大学出版社，2014：9.

② [德]鲍里斯·格罗伊斯：揣测与媒介：媒介现象学[M].南京：南京大学出版社，2014：42.

③ 译自 J.Prasad：THE PSYCHOLOGY OF RUMOUR: A STUDY RELATING TO THE GREAT INDIAN EARTHQUAKE OF 1934，https://onlinelibrary.wiley.com/doi/abs/10.1111/j.2044-8295.1935.tb00770.x

冠疫情，个体 / 群体焦虑依然在谣言 / 辟谣的双向博弈中展示出明显的心理映射，从而引发我们对于媒介本体的揣测。

信息到达、信息场与全民“狂欢”

当某种公共事件突发并逐渐对人类生存造成可见的、潜在威胁时，谣言到达率普遍增速。微博、微信等社交平台以主流媒介身份，建构高关注度的信息孵化、传输与辟谣信息场，如微博专设辟谣账号，借助与其他权威、专业部门账号之间的转载、合作行为，对诸多谣言进行“官宣”式辟谣。诸多医学相关的垂直领域社交平台，也以专业化付诸科学辟谣，逐步形成大部分网民寻求真相的惯性目标场。譬如从 2020 年 1 月 19 日开始，我国最大的医学领域社交平台丁香园 · 丁香医生制作“全国新型肺炎疫情实时动态”网页，便于微信朋友圈及好友间共享。除对疫情发展进行实时播报，它还开设辟谣与防护专栏，截至 2 月 12 日，共辟谣 100 条，内容涉及疫情来源、防护措施、传播途径等直接 / 间接关联层面，细分“谣言”“尚无定论”与“可信”三个层级，对谣言到达之后的信息筛查与信息监督起到更精准的对位效果。

信息到达之后，上述信息场力求快速分辨真伪并实践谣言应对，体现辟谣背后对稳固社会公信力的建构速度与力度。“重科学、听官宣、不信谣、不传谣”，不只停留在不断重复的口号之中，也从如下三方面对抗谣言的病毒式传播：

1. 辟谣路径多样，但统一遵循“官宣”与“科学”的“双依托”原则。“观察者不能去信任一个令他生疑的符号，就像他也不能不去信任一个唤起他信任的符号——如果这个符号在他面前显现出是值得信任的、是真诚的。”[①] 由此，依托央级媒体《人民日报》、新华网、央视新闻等融媒体平台，以及政府“官宣”，体现辟谣的权威性；依托专业平台与权威专业人士，形成科学与 KOL（意见领袖）的双保障。

2. 他者辟谣与自我辟谣并重。前者包括对他者信息的辟谣以及他者对自我信息谣言的当事人辟谣，而后者多基于公共突发事件过程中的突发性。突发性信息网络到达的速率之快，民众关注度之高等传—受双向原因导致信息在短时间内迅

① ［德］鲍里斯 · 格罗伊斯：揣测与媒介：媒介现象学[M]. 南京：南京大学出版社，2014：41.

速发酵，契合广大受众基于高关注度的心理诉求。但真伪甄别速度与信息发酵速度的不对等，也导致真可以为假，假亦可以为真。比如，新型冠状病毒的气溶胶传播路径，在2月7日腾讯新闻中辟谣，2月8日，上海卫生防疫专家则肯定了气溶胶传播路径的正确性。

3. 以奖励措施激发个体/群体辟谣的落地。如辽宁省公安厅于2月2日发布《关于公安机关对群众举报涉疫违法犯罪线索予以奖励的公告》，其中包括“编造虚假信息或明知是编造的虚假信息而传播的”条目。

面对新冠疫情谣言频出的现状，应加强辟谣的力度，并深耕“风起于青蘋之末”的谣言本体。那么，其谣言究竟都指向哪些层面？

1. 疫情本体。本体，是任何谣言直面的核心，也是产生谣言的母体。当新冠疫情的发展态势和控制力度呈现明显的拉锯状态，谣言即诞生，原因缘于拉锯状态的不稳定。一方面，病毒存在变异的可能，传播途径也在不断扩大；另一方面，“买菜未戴口罩15秒被感染”“天津一患者致973人被隔离”等微博热搜新闻事件戳中民众口罩短缺、恐慌心理等痛点与要害，致使基于真实新闻的谣言溢出可能性增加。

2. 疫情发酵。基于疫情本体拓展的“想象力”，将疫情符号化上升至社会、文化、政治等宏大层面。如央视新闻等权威媒体于微博发布消息称，外交部发言人华春莹在2月4日回应时任美国总统特朗普有关“美方正向中方提供巨大帮助”的表态时指出：“中方注意到美方多次表示愿向中方提供援助，希望有关援助早日到位。”政治炒作，已然成为以疫情为借口、最蹩脚的谣言制造手段。

上述若干基于疫情本体的谣言频出，“冷战残余病毒”威力也于疫情中发酵，都为我们带来新的思考：为什么民众会在大部分时间选择主动、快速地相信谣言，并借助心理暗示导致秒传行为或哄抢行为的落地？甚至此处的“相信”更换为“轻信”更为贴切。以格罗伊斯的视角来看，“人们作为媒介表面的观察者，其实更希望那个幽暗的、隐藏的亚媒介空间什么时候会暴露、泄密、公开出来。亚媒介空间自愿的或被迫的真诚性就是媒介表面的观察者所等待的那个真诚性……只有当观察者得到一个提示，亚媒介的内涵与其表面的性质不同之时，真诚性的效果方能显现出来。这种情况下，观察者产生一种印象，他终于发现了媒介表面的一处空白,并因此能够了解亚媒介空间的内部——这就证实了他的猜测和担心”。[①] 然而，在尽力展示真实却无法完全为人信服的网络空间，“亚媒介的内涵”与“其表面的性质”同构也就是力求第一时间将信息传达给民众，此时所谓“幽暗的、隐藏的”部分仍与“他的猜测和担心”对应，其是否指向纯粹的科学？或者更简单地说指向一种真实性的唯一？

以“双黄连事件”为例，1 月 31 日，中国科学院上海药物所与武汉病毒所联合研究初步发现，中成药双黄连口服液可以抑制新型冠状病毒。当信息以漫溢的方式爆炸于平台之后，连夜购买双黄连成为这一信息符号释放之后的行为指涉，甚至淘宝平台兽用双黄连、双黄莲蓉月饼等均遭哄抢。2 月 1 日,《人民日报》官方微博发文:“按照 @ 世界卫生组织，到目前为止，还没有用于预防和治疗新型冠状病毒的药物。再次提醒：普通人请勿自行服用双黄连口服液，运用中医中药，脱离辨证论治都是不准确的！治病请遵医嘱。”对于民众而言,“抑制”与“治疗”的差异性正是造成心理焦虑的关键节点。此时，双黄连的药用功能在新冠疫情中也趋于某种中间地带，谣言与真实之间有待证实的实验、操作和论证将“猜测和担心”放大。没有哄抢的人们转而将视线投向对哄抢者行为的嘲弄，诸如以丁香园名义发文称童子尿可以预防新冠病毒，后经丁香医生团队嘲讽式“辟谣”:“PS 技术挺好，差点自己都信了呢。”民众的注意力移置于吃瓜层面之后，谣言实际上也随之不攻自破。上文所提及的科学性、真实性也随之转化为另一个议题：某些具备不攻自破可能的谣言传播，是否指向大众猎奇的无意识传播心理？

这一点与网络媒介的特质相关，马克·波斯特（Mark Poster）将互联网作为媒介时代划分的关键，以互联网技术为标志的“第二媒介时代”到来之后，信息获得的途径越来越多，全民娱乐的短视频以视听新形态占据人们的视线，大众越来越满足于信息传输视听快感建构的熟练程度。与此同时，越来越多的垃圾信息（也就是非必要信息）出现，当过多的信息不断影响我们的思考时，信息即是我们的生活。而民众判断力程度与信息过剩之间呈现出一定的反比关系，人人皆

① [德]鲍里斯·格罗伊斯：揣测与媒介：媒介现象学[M]. 南京：南京大学出版社，2014：导论，11-12.

导演的现实越来越明晰，但人人皆专家的可能性几乎为零。因此，在遇到新冠疫情的时刻，对于权威、专家的辟谣，民众给予充分的信任。同时，也因全民娱乐的惯性，这种猎奇与无意识的结合呈现出尤为自然、易于接受的状态。当然，按照尼尔·波兹曼（Neil Postman）的说法，“娱乐是电视上所有话语的超意识形态。不管是什么内容，也不管采取什么视角，电视上的一切都是为了给我们提供娱乐”。[①] 较之电视，网络媒介制造事件更趋近于“娱乐至死”，转瞬即逝却又层出不穷的新闻是“娱乐”，诞生与毁灭并存的谣言 / 辟谣更貌似某种游戏式的“杂耍”行为。

在新冠疫情中，克制全民“狂欢”高潮的要义在于媒介主体的态度。倘若媒介主体将辟谣作为热搜的主推，则显示出与“狂欢”对应的热反应，但同时，这种热反应能够带来全民更牢固的信任建构。反之，媒介主体越平静，民众则越会产生强烈的揣测感，这时的观察者“不可避免地去实施一些进攻式、挑衅式的解乏策略，以便能够完成强有力的、有外在强力而至的对他者的揭示，从而能够挑衅他者，使他放下面具，露出他的真面目来”。[②] 因此，新冠疫情事件的媒体反应大多呈现出上文所述的热反应状态，尽可能弱化不必要的揣测感，也有部分媒体在疫情开始时并未引起重视，导致民众评论、转发的内容出现攻击性发酵。有一点值得注意，当媒介主体存在崩塌危机时，不用谣言，哪怕犯一丁点错误，都将导致分崩离析。因为它崩塌得越快，离真相就越近。

面对疫情，大多数时间内的受众选择接收信息，回归某种传统媒介受众的接受样态，其主体性消解于不断升级的疫情信息。但网络时代受众的传—受主体性已然常态化，这对于信息质疑、辟谣速率以及辟谣发酵来说，都将成为自主养成辟谣信息场的坚实基础。这也使格罗伊斯对于媒介现象学的“揣测”论点呈现出较之以往媒介更为理智和主动的表征。

媒介揣测、信息“诊疗”与符号重构

如今，网络受众对媒介揣测的态度呈现出怎样的理智和主动？媒介作为信息

---

① [美] 尼尔·波兹曼：娱乐至死 [M]. 北京：中信出版集团，2015：106.

② [德] 鲍里斯·格罗伊斯：揣测与媒介：媒介现象学 [M]. 南京：南京大学出版社，2014：44.

生产与传播的主体，具有不可推卸的责任甚至是使命。人们理智与主动的行为很大程度取决于媒介主体的行为，也就是以信息为介质所展示的媒介真诚度和可信度。网络媒介特质决定“我们目前正生活在揣测的时代，将揣测指向主体性时，它在今天变得从未有过的那么尖锐”。[①] 同时，媒介载体需要对信息进行存储和传输，也是信息符号运作流动的基石，这使网络媒介的全流程功能凸显。此时，倘若“媒介的符号游戏只在媒介表面进行；符号自己将其本身隐藏在这个游戏中，并由此产生了揣测”。[②] “媒介表面”的信息符号指向可见的信息，当然，谣言 / 真相均蕴含其中，引发揣测。结合上文所述“猎奇的无意识”心理，更进一步来看，揣测是否也源自某种社交网络 / 虚拟身份带来的不信任感的惯性？

话题因此又回到互联网媒介的特性层面，受众在这个非面对面的场域中，从身体的真实性转为身份建构的虚拟状态，这个我们业已习惯的过程本身就是一个“谎言”，或者相对来说，是在虚拟场域中的一个带有表演性的“谎言”。比如因疫情需在家借助互联网线上教学的教师们，引发“当老师适应了直播”等热搜话题，对教学内容的关注被网络直播主播的娱乐化呈现所消解；全国诸多村委会主任借助喇叭等介质，实现防疫的通俗化表达。虽然这些话题更倾向于特殊情境下的自嘲舒缓与情绪宣泄，但已然蔓延于全民的互联网表演现象，不得不引发我们在哈哈一笑之后的深思。我们究竟在揣测什么？还是谣言吗？真相？逗乐子？还是自我？舆论场？我们的揣测是否被舆论诱导？……

实际上，揣测分明指向对媒介本体的认知与剖析。人们“去揣测在可以看见的、可以体验的世界表面之背后存在着一些人们无法观察、无法用概念把握的，同时或许对人们有威胁的东西，这当然是没什么新鲜的。确切地说，整个西方哲学思考的历史都是由这个本体揣测所决定的”。[③] 借助笛卡尔（Rene Descartes）的思想，我们或可将本体揣测从宏大的“世界”、作为中间物的“媒介”转向“观察者”自身。而整个后笛卡尔时代的哲学，康德、黑格尔、胡塞尔等都旨在将我

① ［德］鲍里斯·格罗伊斯：揣测与媒介：媒介现象学[M].南京：南京大学出版社，2014：17.
② ［德］鲍里斯·格罗伊斯：揣测与媒介：媒介现象学[M].南京：南京大学出版社，2014：30.
③ ［德］鲍里斯·格罗伊斯：揣测与媒介：媒介现象学[M].南京：南京大学出版社，2014：33.

们从过度的、陌生的假设中拉回自行思考的主体性建构之中，海德格尔更将这种主体性理解为“在”（Sein），疫情“在”，谣言与辟谣也“在”，它们都隐匿于观察者与媒介的博弈之中。因此，不如说这是一种由辟谣引申的思考，其更指向了对揣测的揣测，可称其为信息“诊疗”。

结合新冠疫情的报道，每天都会出现谣言不攻自破或被迅速辟谣的信息传输，对媒介的揣测似乎走上了一条波浪式起伏的道路。揣测或许并非受众的本意，却在一次次的信息刺激中不断激发对其“诊疗”的欲望，而当谣言变成谎言的瞬间，我们对此表示欣慰，由此转入下一个信息的“诊疗”，这一点倒是高度契合了网络瞬时性特征。“如果揣测是自行产生的——就像人们在一条黑魆魆的街上会不由自主地恐慌起来一样——那么接踵而至的认识就不具备多少价值。在这种情况下，人们不能说现在我获得了明晰的科学证据，而只能说现在我多少有些安心了，这条街看起来好像并没有那么黑了。”[①] 这也正是与“诊疗”心理对位的辟谣行为的意义核心。

引申来看，当下大众文化指向高度揣测的文化，比如电影中智能机器人是否一定会战胜人类？娱乐“刺点”的短视频是否促使全民娱乐消费成为现实？诸如此类现象为中心性、主体性消解于一层捉摸不透的创面，试图在不断推进基于符号重构的信息对位破茧而出。正如上文所述，新冠疫情中出现的诸多趋于娱乐性的表征，实际上更趋于借助娱乐性进行心理释压的方式，而并非强化娱乐性不合时宜的传达。但不可否认，借助娱乐性实现较好信息到达与对位的同时，将信息扭曲之后转为满足既得利益的获取者，大有人在。此次疫情出现之后，微信朋友圈微商从减肥药、服装、化妆品、球鞋等“传统”营销内容统一转为防疫用品，包括口罩、护目镜等，并植入微商病毒式营销的口号，如“再不买就来不及了”“良心价格”“日本口罩，三层医用口罩”等，当焦虑心理与疫情使“医用口罩”等专业词汇走入大众群体，对于微商营销来说可谓“及时雨”。于是，真伪难辨、价格翻数倍甚至数百倍的口罩等防疫用品流入市场。由此，我们或可将辟谣进一步拓展至辨别消费性的真伪。

---

① ［德］鲍里斯·格罗伊斯：揣测与媒介：媒介现象学［M］. 南京：南京大学出版社，2014：34.

对于网络时代的大众而言，辟谣已经不再是简单的信息屏蔽，更指向与此对应的行为落地，因为行为可能产生的附加值极有可能不是一个完美的结果，而是一个毁灭性的后果。回到谣言的介质，网络媒介的复杂程度难以想象，却依然能为我们所控制，因为我们知道，即便谣言频出，真诚、真理却始终存在，此时需要思考的，便是如何从表象中辨别是非真伪。

首先，基于上文所述辟谣主体的权威性、专业性，要充分认知 KOL 辟谣的力度与真实性。新冠疫情暴发之后，钟南山、李兰娟等 KOL 用参与过抗击非典疫情的经验主义、科研专业知识领域的权威性，在政府、媒介给予充分的话语权情况下，实践权力辟谣、科学辟谣的传递。这一点与格罗伊斯的观点不谋而合，“当作者将媒介信息变为他自己本身的信息时，他在媒介的、虚拟的时间中超越了读者、观察者和接受者。人们可以这样说，基督——当然还有马克思或者弗洛伊德——永恒地活着，因为他们带来的是媒介信息”。① 由此，人们在信息场传递诸如“钟南山说动才能动”、“上联：火神山，雷神山，钟南山，三山齐聚克难关。下联：国内捐，海外捐，李兰娟，众捐纷来达通途。横批：共渡难关”等与谣言对抗的、稳固的对位信息传递。李兰娟提出：“这次疫情结束以后，希望国家逐步给年轻一代树立正确的人生导向和正确的人生价值观！把高薪高福利高地位留给德才兼备的科研、军事技术人员，让孩子们明白真正偶像的含义！”此番言论可谓振聋发聩，也形成 KOL 正向信息传输的价值落地。从这个意义上说，KOL 的作用无论在疫情当下还是各行各业，均不容小觑，其将用 KOL 的身份粉碎谣言，并产生对社会、群体和个体发展的良性影响。

其次，短视频等符合大众“眼见为实”的视听新媒体制作，对击溃谣言、还原真相起到通俗直观的促进作用。比如抖音平台的推送，无论权威传统媒体借助融媒体的视频发布，还是个体对于“待在家里”“不要动”等防疫热议话题的理解，都给予充分展示的空间。比如农村封路、无人机喊话、居民隔空对话等，均将特殊时期众生相所吸取、寻找的慰藉一览无余。微博则进行二次发酵，将短视

① [德]鲍里斯·格罗伊斯：揣测与媒介：媒介现象学[M].南京：南京大学出版社，2014：154-155.

频链接内嵌至平台，借助庞大受众群体的社交平台优势，用短视频助力正向热搜，比如“90后外卖小哥镜头里的武汉”等，促使短视频实现其与大众贴近的长尾/肥尾效应落地。

在上述过程中，符号重构业已逐渐完成。诚然，受众关注的重点并非所谓“符号”究竟是什么，其重构的意义何在，但因其与疫情之间并行和叠加的程度之深，可以说每个人都在他者/自我信息“诊疗”之后进行符号重构。此时，网络媒介真正的主体性意义得以显露。

再媒介化、记忆补偿与悬念意识

媒介的主体性重建，与短视频、网络直播等视听新媒体内容的勃发正相关。截至2019年6月，中国互联网络信息中心（CNNIC）第44次《中国互联网络发展状况统计报告》统计显示，我国网民数量达8.54亿，其中手机网民规模达8.47亿，网络视频用户占7.59亿。庞大的受众基数决定视听新媒体发展趋势势不可当。面临越来越多的受众参与传—受过程并展示出强有力的主体性和创造力的现实，对于“媒介”概念的再媒介化（Remediation）重构，理应给予充分重视，这也促使传统媒体借助融媒体的契机，实现传统媒体与新媒体的全媒体生态布局。

怎样理解再媒介化之“再”？这一概念最早是由美国学者戴维·波特（David Bolter）与理查·格鲁辛（Richard Grusin）提出，是指与传统媒体分道扬镳的互联网，通过尊重与重塑绘画、摄影、电影、电视等传统媒体，实现其文化意义的过程。但由此次新冠疫情谣言事件引发的再媒介化思考，与媒介之间的重构关系略有不同，其重点转向对事件本身的再媒介，也可以称之为事件的再建域。类似拉康（Jacques-Marie- émile Lacan）沙丁鱼罐头盒的经历，罐头盒反射光的借喻足以将民众对于疫情关注的“窥视”转化为正大光明的“监视”，如武汉火神山、雷神山医院的建设过程，由此表达呕泥酱、白居易、耶绿阿保机等形似传统文化却又符合流行文化风向标的舆论诉求。

从事件的再媒介联系来看，其媒介场域主要存于微博、微信之中。格罗伊斯认为我们在表达意图的时候，第一个表述包含“我们有意识要说的东西”，第二个表述指的是“我们在意识层面上未曾打算的表述——媒介的表述”。也就是说，民众于微博的再媒介化，导致“媒介表述到底说了些什么”的“到底”成为信息传递和“揣测”的基石。这是一种未经策划的表述，尤其对于谣言的“指控”“质疑”等情绪的外化，常在一瞬间将“到底”推向媒介前端，形成热搜与热议的可能。由此不难理解，为何新冠疫情谣言的不攻自破和辟谣速度如此之快，其原因在于背后有数亿无法出门的“宅”男、“宅”女以整个事件的监督者身份存在。

谣言的制造、传播，与辟谣之间形成单个事件闭环，闭环的数量取决于新冠疫情事件整体的发展程度。辟谣的路径，除本文前半部分已提及的种种，也呈现为一种全民性。譬如上文提及全民娱乐的短视频，从一切可能保留的东西中提炼出值得保留和可保留的部分，“只有通过期待（肯定的或否定的）可能发生的事情（这就意味着记忆的滞留早已是记忆的延伸），人们才能有记忆”。[①] 彼时直接经历的谣言 / 辟谣，可借助短视频的形式进行 Vlog 眼见为实的证明；间接呈现的现象 / 现实建构真相，则与民众普遍焦虑、恐慌的心理状态对应，譬如 Vlog 拍摄疫情当前的武汉街景、各地购买口罩排队现象、公共交通情况等。诚然，如此直接 / 间接的视听呈现，都将以记忆补偿的方式传播、发酵于社会群体之中。而借助这些视听媒介可实现“文化档案”的归档功能，因为“档案更重要的作用是为历史之所以能够成为历史提供一定的前提”。[②]

由此引发的记忆补偿可能会带来两种影响，其一，参考胡塞尔（Edmund Husserl）曾提到“滞留记忆”（Retention）和“连带展望”（Protention）术语，指向“刚刚消逝的过去”与“行将步入的未来”，凸显人类对于“补偿”的态度趋于某种可控性和反思能力，记忆创伤修复能力较强；其二，“补偿”可能触及更为深层的痛点，形成由事件记忆点引发星状网络拓扑结构，与之对应的记忆创伤修复能力较为复杂，或沉浸其中，或转移为衍生思考，媒介揣测也将引入一个新境地，即“通过揣测产生一种‘悬念’（Suspense），这种悬念表现为我们给予值得揣测的符号以持续、紧张的关注”。[③]

谣言 / 辟谣依附于事件，而事件发展演变为庞大文化档案的建构，正是档案

---

① ［法］贝尔纳·斯蒂格勒：媒介研究批评术语集·记忆［M］. 南京：南京大学出版社，2019：70.
② ［德］鲍里斯·格罗伊斯：揣测与媒介：媒介现象学［M］. 南京：南京大学出版社，2014：导论，3.
③ ［德］鲍里斯·格罗伊斯：揣测与媒介：媒介现象学［M］. 南京：南京大学出版社，2014 年：第 76 页 .

中存有的这些可质疑、被重视及潜意识关注等心理影响要素，——比如病毒究竟源自何处？第一例病患究竟是谁？在哪儿得病？华南海鲜市场的野生动物是否为蝙蝠与人类之间的宿主？蝙蝠、穿山甲、果子狸究竟谁是罪魁祸首？——诸多至今依然无法给予明确答案的现实，控制大众思维的准确性和唯一性，模棱两可的状态毫无疑问指向"悬念"。而大众所在意的，并非"悬念"是否真的存在，而是"悬念"背后的心理指涉。这也促使我们在经历新冠疫情事件之后，形成有效的再媒介化过程中需注意至少两个层面：

一是受众年龄。比如伴随老龄化趋势发展的老龄受众，在年轻受众对新媒体早已养成惯性的二次传播中，是否能够实现信息对位？新冠疫情伊始，关于"戴口罩"的议题屡见不鲜，诸如多个微信公众号将"戴口罩"与老年人喜爱的养生话题结合撰文、河南村委会主任唱戏劝戴口罩等，均呈现出针对老人的二次传播特点，但从某种意义上来说，上述关于老人的议题本不应该出现。因此，在今后的视听新媒体发展过程中，如何着力布局老龄受众的视听内容传输与信息对位，是迫在眉睫的社会责任。

二是受众国籍、种族与文化差异。某些国外媒介将新冠病毒称为"中国病毒"，国别之间溢出的心理情绪理应借助媒介实现从焦虑对抗到焦虑缓解。差异性带来的非必要情绪，对疫情事件的传播与防控无益，这一点需在媒介信息到达的过程中赋予常态化的注意力。

再媒介化，将"再"的意义放大至最终可能由事件本体引发的"悬念"，其与媒介揣测的幅度正相关。这使我们不得不重新思考本文开篇的引述，当思考成为媒介揣测的一个形态时，思考的方向究竟指向何方？是增加揣测，还是在辟谣过程中尽可能减少谣言的产生？当我们回到揣测的无法避免性本质层面，或可理解"每一个揣测同时也是对启示（Offenbarung）的一种等待……所以信任、相信和希望同样都是揣测的形态（Figuren）——因为亚媒介空间（亚媒介承载体）不是什么别的，正是揣测的空间"。[①]

① [德]鲍里斯·格罗伊斯：揣测与媒介：媒介现象学[M].南京：南京大学出版社，2014：161.

结语：从“毁灭之网”看“胜利之链”

综上所述，我们必须承认谣言存在的海德格尔式“在”的意义，谣言与辟谣的存在，是民众赋予事件高关注度的一种强有力的表现，符合卢曼式（Niklas Luhmann）心理系统和社会系统的建构。也有研究者相信自己看到福柯所谓生命政治极致形态的呈现，引发对底层自组织的民粹之恶展现的探讨，并对安德森“共同体之想象”的国民共同体概念产生怀疑。就此次疫情而言，笔者宁愿将系统的、共同体的思考更多地置于疫情过程中辟谣的速度与力度，以及疫情结束之后“吹哨人”、一线医护人员、大众都将从疫情事件中被动 / 主动“解放”的长尾影响。这张“意图瓦解秩序”的“毁灭之网”，生长于业已常态化的网络媒介场域，埃斯库罗斯（Aἰσχύλος）的“复仇女神”需要的物质载体即为谣言诞生的信息场，也是“胜利之链”的生存场域，承载着权力、高效、线性的辟谣潜力。我们希冀在“毁灭之网”无法消逝的未来，“胜利之链”能够发挥免疫抑制剂的功效，调节网络媒介自身的免疫功能，使生存于其中的受众获得信息到达之后适度心理揣测的免疫平衡。新冠疫情谣言 / 辟谣亦如此，“网”与“链”的制衡，即受众与权力、社会、媒介、文化及自我的博弈。

谣言，在社交网络勃发的今天，业已形成惯性。对于视听新媒体受众来说，阅读信息并不是最重要的网络化生存目标，信息甄别转而成为面对信息时最需要也是最为棘手的事情。因为信息甄别与信息对位的精准程度和影响力度正相关，这一点对本书读者中占绝大多数的创作者和研究者有直接的启示作用。

第四节　传—受关系的演变

麦奎尔在 1994 年提出三重传—受关系模式：

1. 传送模式（Transmission)。

2. 表现 (Expressive) 或仪式 (Ritual)。

3. 注意（Attention)。

引申来看，这三重关系将受众的身份定义为目标、参与者以及观看者，也就是信息到达之后，受众如何处理信息的方式成为受众分化和演变的主要内核。

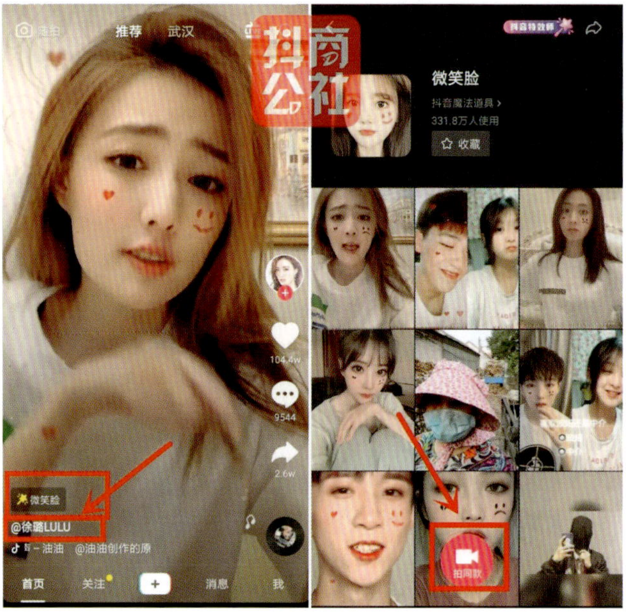

图 1-5　抖音拍同款示例（图片来自抖商培训）

在当下视听新媒体时代，这种传—受关系中对受众身份的认知，已然成为过去式。并不是说研究不再倾力于传—受关系的演变，而是这种演变过程已经不再是传—受关系的重心，受众的新形态从一开始就是包含传—受两重身份的，而将传—受加以分立的表征，也属于传统媒介的范畴。

因此，我们应当以一种开放、创新的视角来看待受众，看到新受众的发生、发展和进化。

需注意，随着技术的发展，会出现很多新生事物，传—受合一从一开始，也呈现从分立到合一的过程。当然，更准确地说，这是一个学习过程。比如抖音等短视频平台的出现，促使 Vlog 等新形态诞生，但一个普通受众如何从写博客的年代步入视听合一的 Vlog 时代？这就涉及剪辑、特效、运镜、故事创作、创意点等多方面的联动，每一个细化的技巧都需要经过学习，也就是“受”的过程，但也因为传—受合一的最终目标的指向性，使这个学习过程变得较为简单，借助抖音拍同款等功能，还可以实现“传”的功能。

【思考题】

1. 受众的定义是什么？
2. 如何解读古希腊、罗马的受众与今天受众之间的联系？
3. 结合案例，谈谈受众有哪些形态。
4. 结合案例，谈谈你对大众传播理论研究中的受众研究理解。
5. 受众测量的结构性研究的关键是什么？
6. 结合案例，谈谈行为性研究和文化研究。
7. 受众双重性指的是什么？如何在新媒介环境中理解受众双重性？
8. 结合案例，谈谈你对传—受关系的认识。
9. 结合案例，谈谈你对谣言与受众关系的看法。

第二章
传统媒介与受众

2

▼ 本章阅读提要

本章按照媒介发展的时间性进行逻辑排序撰写，与传统媒介发展和受众研究相契合。对于视听新媒体的研究者和学习者而言，本章内容有助于其了解传统受众样态，为新媒介环境中传统受众的诸多表征提供思维缘起。因此，本章内容需重点记忆和理解。

第一节 传统媒介形态与受众

▼ "第一媒介时代"

马克·波斯特（Mark Poster）称，以互联网为分界，在这之前的所有媒介（包括报纸、杂志、广播、电影、电视等）均属于"第一媒介时代"，互联网自发形成了"第二媒介时代"。以互联网作为分界，并不完全因其是较新的媒介形态，而是互联网真正实现了多重维度的融合，体现了世界的互联关系，包括人与人之间、视觉与听觉之间、国别与国别之间、民族与民族之间等一系列的融合。

对于"第一媒介时代"而言，意识形态对媒介的控制，催生了诸如"皮下注射"理论；而媒介自身的到达效果，也体现了受众对媒介的使用意义和使用效果。我们在使用报纸、杂志、广播、电影和电视等传统媒介时，每个人会产生不同的到达效果，以及我们所期待的参与可能。

从当下的媒介形态来看，这种分法实际上也存在一刀切的可能。原因在于上述的广播、电视等传统媒介的融媒体发展模式，导致喜马拉雅等 App 的出现，表

图 2-1 喜马拉雅 App 示意图（图片来自喜马拉雅 App）

现出传统声音媒介的新媒介化。

因此，我们在看待马克·波斯特的这一说法时，要设定一定的语境。如果强化互联网的功能性，则直接引用没问题；但若指向融媒体的发展过程，则需进行更详细的阐释。

▼ 传统媒介的分类、发展与融合趋势

按照“第一媒介时代”的划分，本文将传统媒介与该时代对应。传统媒介包括上文所述的报刊、电视等形态，与视听对应的划分则体现为以下三种：

1. 视觉——平面媒介，如报纸、杂志、书籍等。

2. 听觉——声音媒介，如语言、广播等。

3. 视听合一——立体媒介，如电影、电视等。

其发展趋势是视听合一，原因主要取决于受众不断增长的心理需求。媒介发展与融合，也取决于技术进步、政策助力等多重因素。

在《视听新媒体概论》和《视听新媒体传播概论》中，我们已学习了诸多关于媒体“融合”的理论。面对受众，媒体“融合”关系到将媒介的主控性与受众的传—受能力的结合，体现出当下媒体的主要发展策略。以主流媒体的发展为例，2019 年 1 月 25 日，习近平总书记在中央政治局第十二次集体学习座谈上强调：“要运用信息革命成果，推动媒体融合向纵深发展，做大做强主流舆论。”当主流媒体（《人民日报》等）提出“受众在哪里，宣传报道的触角就要伸向哪里”时，媒介融合的时机也来临了。传统报纸与新媒体的结合，势必凸显发展的良性和长尾态势。习近平总书记曾指出：“很多人特别是年轻人基本不看主流媒体，大部分信息都从网上获取。必须正视这个事实，加大力量投入，尽快掌握这个舆论战场上的主动权，不能被边缘化了。”

当“第一媒介时代”的产物——报纸与“第二媒介时代”的互联网能够实现融合，并且获得政策助力的时候，传统媒体与新兴媒体的融合和发展已经势在必得。

▼ 传统媒介到达与媒介影响

麦奎尔指出，媒介经营者和一些传播者期待对所传播的信息到达（Reach）之处和指向之人有所了解。这是一种了解受众的方式，也成为大众传播研究的基石。比如计划传播（Planned Communication）模式对目标受众的关注，对传播渠道、传播信息等进行评估和衡量，体现出媒介的控制力。然而，反过来说，受众对媒介也具有控制力，只是更像是一种对自我需求的控制，以及对媒介的影响性映射。

麦奎尔就受众到达问题，以传统的报纸或期刊媒介受众为例，指出了至少四种不同的测量指标：

1. 报纸 / 杂志全部或潜在的阅读公众（Reading Public）数。

2. 付费读者（Paying Readership），即购买报纸和杂志的人。

3. 某一特定出版物（或书目）的阅读受众（Reading Audience），此时的受众等于实际“到达”（Reached）的受众，有时也称为“累积受众”（Cumulative Audience），这是广告最为关注的受众。

4. 某一报纸或杂志不同版面或不同章节的内在受众（Internal Audience）。

在这四个指标中，第一个指标的依据是根据阅读能力、可读性等因素进行推算；第二个指标需注意购买与阅读之间不存在连带关系，因此我们在理解传统媒介的付费行为时，不能将购买者与阅读者等同，但他们共同构成了该媒介的受众。第三个指标和第四个指标，都与媒介对受众的“黏”度正相关，当媒介以某种知名度、专业度、偏好度等与受众之间达成共识并形成“黏”性之后，这个媒介的受众一般不会轻易流失。

在传统媒介到达的过程中，我们还能看到媒介对受众的深入影响，以及受众的变化和多维表征对媒介生产者的影响。这种影响一定是双向的，并随着时代的变革不断进化。

▼ 传统媒介与重叠受众

麦奎尔指出："人们通常可以同时是多种媒介（广播、电视、电影等）的潜在受众，甚至可以同时成为一种以上媒介的实际受众（比如阅读时听广播）。在另外一些情况下可以认为受众是重叠的，例如，一种内容（如新闻）的受众也可以大体上是另一种内容（如体育比赛）的受众；人们可以订阅（或阅读）一种以上的杂志或报纸，或者喜欢看不止一个电视频道。"①可见，"重叠"成为受众使用媒介的重要特点，并从传统媒介时期就一直延续和发展。

从媒介到达来看，可分为媒介到达的空间维度和时间维度。首先来看空间维度，比如来自不同地域的受众，获取信息的速率存在差异，地理因素可能是造成受众重叠的一个最重要的因素。除了客观地缘条件的限定，媒介在地缘内部的传播密度，也决定了媒介到达的效果。其次，时间维度与媒介具体形态的传播周期紧密相连，比如日报基本在早晨发行，晚报则是下午，广播和电视则几乎是连续不断地进行传播。因此，受众的媒介到达，更可能取决于受众对媒介使用的时间段，分析某个或某些时间段的受众到达率的积累，能够有效刺激媒介工业的发展。

另外，"重叠"对于传统媒介受众非常重要的原因在于，其可选择的媒介范围较广，但从互联网时代回溯来看，这种可选择性依然存在于"第一媒介时代"，当"第二媒介时代"到来之后，以智能手机为主的终端媒介因其越来越智能的特质，导致当下受众的"重叠"性，较之以往似乎是在不断弱化的。这可能与媒介进化的初衷相悖，但实际上，从媒介与媒介之间的横向融合，到如今媒介自身的纵向深化，媒介的功能没变，媒介使用的便携性得到更好的落实，这一点需要注意。

① [英]丹尼斯·麦奎尔.受众研究[M].北京：中国人民大学出版社，2006：65.

第二节　受众形成

受众形成的结构说

受众形成取决于内在因素和外在因素共同作用的结果。内在因素来自受众心理选择和行为的影响来源；外在因素则从媒介一方入手，促使我们对影响受众的内容、表达方式、环境以及引发吸引力产生要素等方面进行探究。在这两层关系中，内外因素无法分开，使用动机与媒介内容之间存在密切的关联性。

麦奎尔指出，受众形成的结构说的前提，在于“人们的媒介使用行为很大程度上是由一些相对稳定的社会结构和媒介结构因素所决定的”。①

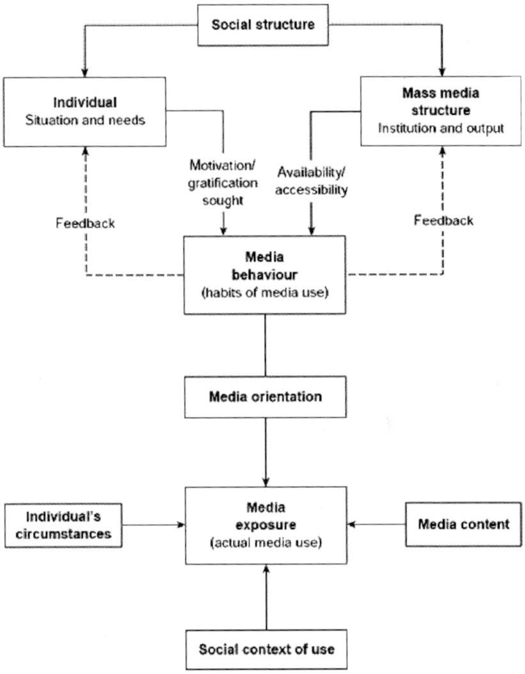

图 2-2　麦奎尔在 1997 年根据韦布尔 1985 年设计改后的媒介使用结构模型（图片来自 semanticscholar.org）

社会结构与性别、生活范围、受教育程度、收入等“社会事实”（Social Facts）相关，体现出一定的稳定性，以及对人们心理和行为影响的决定性。

媒介结构指的是在某个地点、时间内可接收的相对稳定的媒介内容、媒介渠道等。“媒介系统不仅回应各种压力，而且回应来自受众的反馈，以期能够在供给与需求之间保持一种稳定的自我调节的平衡。”

韦布尔（Weibull）在 1985 年设计一种媒介使用的结构模型，从社会结构入手，涉及在整个媒介使用过程中的个体 / 群体的需求、可得性、反馈、媒介使用习惯、实际媒介使用、媒介使用背景等诸多因素的内容。

① [英] 丹尼斯·麦奎尔. 受众研究 [M]. 北京：中国人民大学出版社，2006：84.

在这个模型中，当受众对媒介兴趣较低时，其接收信息的能力要大于其选择信息的能力，此时用该结构模型解读媒介使用较明确。但当受众对媒介兴趣较高时，其选择媒介或者在媒介中寻找信息点的能力是更为自主的，并不受使用模型的约束。因此，我们可以说，对媒介使用的总体品位、偏好等，对瞬时的、短期的、个体的行为并不具备较高的匹配度。

尤其对于当下视听新媒体受众而言，虽然选择媒介内容的前提是选择媒介载体，但因为载体趋于手机端的终端普及，导致对于媒介载体的选择形成某种程度的弱化，而媒介内容的网络化延伸，成为比兴趣点、偏好等更具渗透性的影响因素。这种影响体现在不管受众接受与否，内容都会强行灌输；或者根据大数据等分析，智能匹配个体偏好，形成“泛”偏好似的内容延伸。

功能主义视角的“使用与满足”理论

顾名思义，“使用与满足”的“使用”指的是媒介使用，“满足”指的是受众满足，其核心都是使用媒介并获得满足的受众。在不同历史阶段，受众的媒介使用范畴不同，其需求与获得满足的心理作用也不尽相同。当“使用与满足”（Uses and Gratifications Approach）成为一种受众研究理论学派之后，研究者对其引申、探讨的工作一直持续至今。

受众为什么使用媒介？

受众使用媒介来做什么？

研究功能主义社会学的查尔斯·赖特（Charles R.Wright）认为：“媒介是为各种社会需求——例如加强凝聚力、传承文化，进行社会控制，以及发布大量的各种公共信息——服务的。反过来，这也意味着，受众个体同样是为了相关目的——例如获取个人指南、休闲、调整、获知信息、形成认同——而使用媒介的。”[①]

在20世纪40年代，针对广播节目中“肥皂剧”（Soap Operas）等节目形态进行受众研究，可以视为最早的“使用与满足”的尝试。当人们以惯常思维认定“肥皂剧”具有通俗、无思想、无内涵等特征时，研究者却发现该类节目的收听者数量众多，且较易形成拥趸。进一步调查发现，肥皂剧的受众主要集中在家庭

① [英]丹尼斯·麦奎尔.受众研究[M].北京：中国人民大学出版社，2006：87-88.

妇女群体，该群体的母亲角色，导致其可借助“肥皂剧”获得情感释放的可能性。

在20世纪六七十年代，随着电视媒介的深度介入，人们对该理论进行更为深入的探讨，假设主要指向四个层面：

1. 受众对媒介以及媒介内容的选择往往是理性的，目标指向一个主动去完成的具体结果，并实现满足。

2. 在个体、群体、媒介从小到大的环境中，受众能够意识到需求的存在，并借助不同的动机来表达不同的媒介需求。

3. 在使用媒介以获得满足的目标中，对个体的实用性大于文化、审美等因素的影响。

4. 影响受众形成的绝大多数因素都可以测量，比如动机、媒介选择以及得到的满足等。

上述四个层面将“需求”与“满足”作为核心，导致“动机”（Motives）的产生。需注意，无论在哪个时代，面对何种媒介的使用，人类的动机都是为了完成某种目标和结果，只是其内容在不同时代具有明显的差异性。当然，在这个看似演变和进化的过程中，我们也无法忽视传承的力量。尤其是当下视听新媒体时代，面对娱乐性膨胀的局面，我们对文化的传承显现出迫切和重要的现实意义。

1972年，麦奎尔等研究者以英国广播电视节目为案例，提出媒介—个人互动说（Media-Person Interactions），提出媒介满足类别如下：

1. 消遣（Diversion）：逃离常规，逃避问题，释放情感。

2. 人际关系（Personal Relationship）：交朋友和同伴，社会功用。

3. 个人认同（Personal Identity）：自我参照，探索现实，强化价值观。

4. 监视（Surveillance）：寻求信息的方式。

不难看出，20世纪70年代的“使用与满足”研究，倾向于某种受众心理层面，这也再次证实了行为“使用”背后隐匿的心理“满足”指向性，以及这一理论潜在的功能主义特征。然而，受众的“使用”与“满足”是否一定出于某种有意识的动机支配？巴布劳（Babrow）曾在1988年对此提出异议，期待在一种解释框架（Interpretive Frameworks）的基础上进行研究和思路拓展。根据这一框架，我们会发现某些受众的选择存在有意义的、合目的性的引导，也有一些受众完全基于无意识的条件反射。比如当下普及的微信朋友圈，有些人转发链接是出于对内容的偏好以及知觉认同，但有些人完全出于下意识的反应，其潜在的心理可能指向诸如“我得转发一下”的长期习惯性暗示。

可见“使用与满足”理论存在一定的争议，正如麦奎尔所述：“我们不清楚，‘使用与满足’理论相对其成功而言所存在的一些缺失，究竟是源于方法上的不足（有许多测量陷阱，有大量相互关联的因素要测量），还是因为它只是反映了一种现实——受众个体的媒介选择和使用行为，实际上是与环境有关的，非常偶然的、易变和动机微弱的。”①

马丁·费什宾（Martin Fishbein）提出一种期望–价值理论（Expectancy–Value Theory），在分析信念与评价态度之间建立了一个数学模型。

当“寻求的满足”与“受到的满足”之间借助媒介使用实现关联时，“信念”与“评价”在这个过程中发挥了重要作用。该模型表明：受众对媒介带来的利益的认知（Perception）与这些利益对个体受众产生的不同价值（Value）的结合，可以解释人们的媒介使用行为。比如在这个模型中，媒介使用的时间越长，相对应的满意度（Gratifications Obtained，GO) 也越高，也就是当得到的满足（GO）高于寻求的满足 (Gratifications Sought，GS) 时，受众满意度更高，欣赏指数和关注度的得分与之构成正比关系。以当下网络综艺节目为例，当受众对某个网络综艺节目形成持续关注的时候，满意度会随之提升，这一点较好理解。但问题在于，该模型并未涉及诸多客观因素，比如媒介端的卡顿、广告时长的疲劳度和厌倦度以

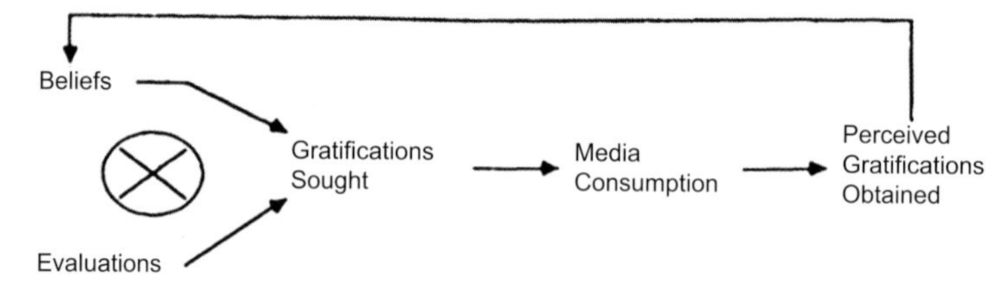

图 2–3　期望—价值模型（图片来自 123writing.com）

① [英]丹尼斯·麦奎尔．受众研究[M].北京：中国人民大学出版社，2006：91.

及节目本身可能潜在的“槽点”等，都可能影响用户换节目，从而形成媒介使用断档而带来模型分析错误的指向。

所以，正因为该理论存在争议性，导致研究者对其不断延伸和拓展。但无论如何，其归于受众研究和传播学的视角没有变，媒介变革成为影响其发展的主要因素。功能主义虽然是“使用与满足”理论的主要思维背景，但现象学、符号学等也成为非功能主义的一派解释。比如伦克斯多夫（Renckstorf）在 1989 年提出的“社会行为”（Social Action）模式，将媒介选择作为一种个体受众的社会规划，从社会学的视角对该理论进行拓延。

▼ 受众偏好的影响性

受众偏好从受众角度来看，受到惯性、民族、文化、他者、流行性等诸多因素的影响，个人品位和偏好（Personal Tastes and Preferences），指的是对特定的内容、类型和属性的品位和偏好。具体到视听新媒体时代，网络视听内容的产品化和“泛”化，也成为影响受众品位和偏好的重要因素。

从媒介角度来看，包括媒介供应的总体模式、可获得的内容选择、媒介广告宣传等诸多内容，成为影响个体选择的环境因素。视听新媒体受众，生存在媒介环境中并深受其影响，媒介逐渐成为人类的“义肢”，媒介与受众之间的关系也从个体隶属环境关系，转变为一种相辅相成的、制约性的关系表达。媒介制约受众的生存方式，受众制约媒介内容的倾向性。这种制约的属性伴随着文化和商业的发展，越来越明显。

关于偏好的影响性，还需注意的是偏好形成与媒介使用之间的关系。以电影为例，电影的出现刺激了观众偏好的形成，观众基于偏好和其他因素的影响，又产生了对电影类型和内容的偏好，我们可以理解为一种二次偏好的形成。当二次偏好影响电影产业的发展之后，新的电影类型和内容的出现又引发新一轮的三次偏好，之后，偏好形成循环式的周而复始。因此，针对“使用与满足”理论，可以理解为在诸多不同的“使用”过程中形成的“满足”其实是不变的，即实现视知觉体验带来的心理满足。

第三节　媒介使用与受众实践

▼ 媒介使用模式

从上文中不难看出，媒介使用与受众的动机密切联系，受众因心理动机影响支配行为落地。韦伯斯特和费伦（Webster and Phalen）在1994年提出了受众的三种主要模式：

1. 效果模式——“受害者”（Victim）。

2. 市场模式——“消费者”（Consumer）。

3. 商品模式——“交易货币”（Coin in Exchange）。

上述三种模式，仅将受众看作冷冰冰的数据统计，并非具有主观能动性和思维属性的人类。这也给我们提出了某种视听新媒体时代受众研究的新维度：在过去的研究中，数据作为一种重要的理解要素成为理论研究的关键，但其依然受到非议。在当下以大数据为先的数字时代和网络时代，数据是否具备和传统意义同样的功效和影响力？“冷冰冰”的数据如何与“活生生”的人之间形成默契？

在以受众为先的受众研究时代，也出现了以媒介为先的研究学派。在20世纪90年代，接受分析学派（Reception Research）诞生。根据该学派的观点，媒介成为一种基本的事物构成部分，变得更为日常化和经验式。同时，“受众本体”（Audiencehood）成为一种多元化的社会文化实践样态。

麦奎尔认为，该学派兴起源自两种观点：“一是媒介操纵大众受众”，“二是获得受众的注意力就意味着控制了受众”。当我们面对这样一种“相信”媒介，试图“规训”媒介并促使受众产生某种媒介控制的思想时，如何体会并不在控制之内的少数群体的感受？如何知晓亚文化的研究范畴？这些议题的出现，为媒介与受众的关系披上一层新的面纱。

▼ 性别、种族与媒介使用

早期的受众研究者认为，受众的媒介使用取决于时间、地点、社会文化的习俗等因素。不难发现，时间、地点属于强客观因素，社会文化习俗属于可变的、主客观结合的因素。在不断发展的过程中，客观和主客观依然是媒介使用的因素，但我们不得不重视一些似乎被忽视的内容，比如性别和种族。

性别是决定媒介使用的关键，比如女性主义电影研究者认为，男性的窥淫癖会形成银幕上性感美女的恶性循环，美女明星的银幕形象塑造虽然指向一个角色，却在男 / 女不同性别的受众中产生不同的心理理解，并在男性群体 / 女性群体中实现发酵和拓展。这种现象被称为“被性别化”（Gendered），在接受分析中得到发展。再比如《男人装》杂志的服务对象是男性受众，而《米娜》的服务对象主要为女性。媒介使用者的性别类聚特征，决定了某些媒介的“性别化”倾向性。而这些媒介的设计和出版初衷，即是为性别带来的受众群体差异。

种族则决定了小语种人群、少数族裔以及黑人群体的媒介使用特点。比如黑人群体的饶舌音乐，使黑人群体能够自发形成某种安全、熟悉的媒介环境，也促使非黑人群体借助这一符号式元素，对黑人媒介进行定性式的理解。需指出，这一切看似“非主流”的背后，隐藏着巨大的转变为“主流”的力量，取决于“主流”对“非主流”的吸纳与好奇，比如艾米纳姆（Eminem）对说唱音乐的发扬，《中国有嘻哈》《中国新说唱》等节目在亚洲年轻受众中的传播等。

▼ 媒介使用的规范

媒介使用的规范问题是伴随媒介与受众的发展而发展的，其规范的力度和强度与时代、社会、媒介、文化等发展相对应。在社交网络的时代，媒介使用成为常态化的产物，人人都拥有使用媒介的可能性。

在这种情况下，媒介使用的规范问题凸显，以微信为例，在面对一篇微信公众号的链接文章时，使用规范首先指向了对文章信息内容和来源的甄别，判断内容维度的真伪是进行媒介传播的前提；其次，在确定该文章内容为真之后，要本着自我规范、道德约束等原则，对其传播和言论进行自我“规训”，若文章内容为假或者指向对法律及他人利益的侵犯，则可选择向微信公众号后台举报；在传播信息过程中，理应注重信息二次、多次传播途径的靶向性和有效性，是否能够与目标受众匹配？是否符合社交群体媒介使用规范的要求？这些问题要常记于心。

图 2-4　微信公众号文章被举报后的示意图

正如麦奎尔指出：“媒介使用是一种随意的、在空闲时间进行的‘角色外’（Out-of-Role）的活动，通常也是一种娱乐性活动，基本上与社会责任无关。然而，受众研究却在不断地发现某些价值体系的存在，它们非正式地规范着人们的媒介行为。”①

【思考题】

1. 区分“第一媒介时代”和“第二媒介时代”的标志是什么？

2. 传统媒介的分类有哪些？结合当下，谈谈这些媒介都有哪些新的发展趋势。

3. 受众形成的因素有哪些？

4. 结合案例，分析“使用与满足”理论的主要内容和现实意义。

5. 思考在视听新媒体时代，你个人的品位和偏好的指向性。

6. 结合案例，谈谈视听新媒体时代媒介使用模式的运用。

7. 性别、种族等因素对媒介使用会产生什么样的影响？

8. 如何理解社交网络时代的媒介使用规范？

9. 如何借助受众研究理论，对当下新媒介环境中的受众进行分析？谈谈你的思路。

① ［英］丹尼斯·麦奎尔．受众研究［M］．北京：中国人民大学出版社，2006：128.

第三章

受众变化影响因素

3

▼ 本章阅读提要

本章内容从传统受众研究中走向视听新媒体时代的受众样态分析，对影响当下受众的主要因素——技术、文化和自身因素进行阐释。本章为了解视听新媒体时代受众的关键章节，也是本书的重点章节，需重点理解和掌握。

第一节　技术因素

▼ 作为第一要素的技术

当互联网出现之后，打破传统媒介的发展速度，将媒介重构，世界的连接已然在一瞬间完成。技术，逐渐成为媒介变革的第一要素。

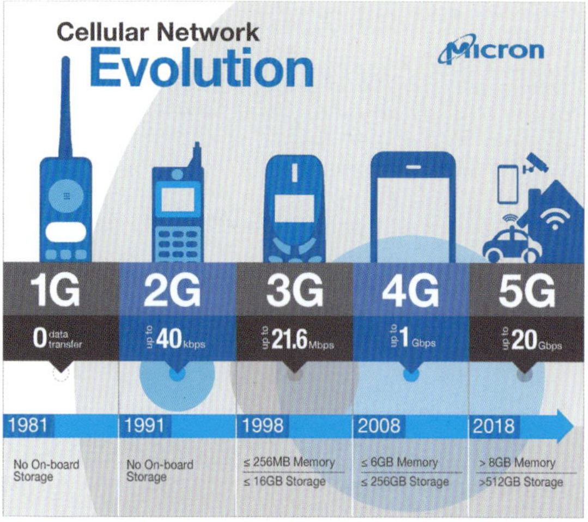

图 3-1　从 1G 到 5G 的技术发展示意图（图片来自 Aranova.it）

以智能手机为例，1G 为受众带来了可移动的媒介载体——手机；2G 使我们进入了短信的“动感地带”；3G 和 4G 将智能从襁褓之中发展至成年；如今 5G 即将以更值得期待的技术使用走进大众的生活和视野。5G 能够具备在瞬间完成一部电影的下载真正实现观看的互动性以及受众对媒介的主控性增加等诸多利好，这一切都源自技术的进步。

对我国互联网技术的普及而言，中国最早出现的是门户网站。1998 年，是门户网站上线的年份。在那个年代，门户网站是机构的形象和象征，新浪、百度、搜狐、腾讯等互联网公司和政府 / 公司机构等都有自己的门户网站。伴随互联网技术的不断普及化和大众化，技术的应用维度也在不断加深，出现自媒体（主要是微信公众平台）的个人“门户”，用于以与社会之间形成媒介接口。有研究者称:“由互联网呈现的社会关系，已从由平台主导，演化为利益相关方之间的共建、共治与共享。”

技术已然实现了更广范围的影响力，然而，技术有这么大的作用，我们是否要承认技术的一维论？回答这个问题的关键在于，如何理解科技与人文社会之间的关系，两者的发展一定是相辅相成的，形成科学化 / 哲学化的并行。在科技为先的人类发展时代，对哲学的“轻视”似乎成为一种自然而然的现象。但事实上，哲学的作用对人类精神文明的发展起到的作用无法小觑，也从精神维度对物质和科技发展进行“规训”。只有具备强烈的哲学思维和人文精神的科学家，才能创造和制作出符合人类发展规律的科技产品以及媒介形态。人类才能在符合自身发展需求，以及能够促进身心发展的环境中更好地实现全面进化。

因此，技术并非一维，其重要却不唯一。在未来，技术将表现出越来越重要的态势，但我们仍需对其地位有高度清醒的认识。

▼ 媒介技术变革的影响

据 IDC 预测，到 2025 年，人类每天生产的数据量将达到 175ZB，倘若总量为 50 亿受众，每位受众的生产将超过 220GB。研究者认为:“互联网在形式上是人际之间的互联，可是发展到现在，正在迈向万物之间的联通、高度互联。形成的一个后果便是——万物，变成了网络中的一个节点。表达节点之间关系属性的不只有连接的边，更重要的是边的属性，即称之为关系的数字化，各种关系、最终是社会关系的数字化。”这种可能性的预测，给我们带来以下利好 / 质疑的双重思考:

1. 利好: 人类的数字化、智能化，体现出人类知觉想象潜意识的外化实现，这是“梦”与“现实”合一的惊喜，也是智能赋予人类扩展思维和精神维度的使用工具。

2. 质疑: 也可以说是堪忧，当人类本身变成一种“数字化”的社会关系之后，究竟什么是人之所以为人的意义？社会互信与失信之间的边界如何打破？现有社会规则是否将演变为数字媒介社会规则？传统文化和人类文明如何保存？以上这些议题，都将是人类面临的巨大挑战。

对媒介技术变革的影响问题，务必从以上双重维度进行思考，切忌以单一指向性进行肯定或反对。

第二节　文化因素

▼ 传统文化

传统文化，首先意味着文化形态出现的过去时，其发展和演变的过程则是过去、现在和未来的集合。理解传统文化的关键在于对"传统"的理解，国别、民族、种族、地域等诸多客观因素和人类社会的诸多主观因素，共同铸造了"传统"这一基石。文化以某种精神性和价值观呈现其中，形成民俗、哲学、人性、处事、伦理等诸多人类社会的行为规范和文化表达，最终实现传统文化的认同感和根性意义。

在视听新媒体时代，我们对待传统文化的态度需要得到进一步的放大和加强，原因在于技术带来的惊喜，促使人类对未来产生更多维的想象和好奇，但过往形成的雄厚的文化积淀虽然不曾忘却，却在技术面前出现"黯然失色"的心理暗示。诸多新媒体平台，也已经意识到文化传承的重要性，比如抖音从媚俗的、全民参与的"吸粉"时代走向真正的媒介生产与传播时代。在内容选择上，抖音推出一系列与文化传统有关的内容，面向粉丝拥趸，实现传统文化的新媒体式传播。在这个过程中，受众实际上并不是对抖音产生了不可脱离的兴趣，而是对抖音这一媒介使用形成了惯性，即用娱乐性较强的内容吸引人，进而形成媒介使用的依赖，再借助媒介传播正向内容。虽然我们并不提倡通俗内容的过度阐释，但在媒介内容传播初期，或者说面向层次不齐的广大受众样态的时候，通俗或许能够成为某种手段加以利用，这一点应当辩证来看。

笔者于 2020 年 2 月，就 2019 年网络综艺节目撰文：

搬开“娱乐至死”绊脚石，提升网络综艺“载道”之力

回望2019年的网络综艺节目市场，从第一季度开始就呈现出较之以往井喷局面更为理智的探索态度，从尼尔·波兹曼“娱乐至死”的欣喜，转向垂直领域深耕，体现出高产出、高质量和高细分受众群的“三高”特质。节目类型多能深挖网络受众尤其是细分网络受众的偏好，产出情感观察类节目如《女儿们的恋爱》、脱口秀节目如《圆桌时光派》、阅读推广书信朗读节目如《见字如面》、悬疑益智类节目如《明星大侦探》等多元内容，实现多点开花布局，类型与类型之间也存在更大范围的融合度和聚类度。目前，网络综艺节目与电视综艺节目之间的差异性在不断缩小，以最为直观的数据统计为例：2019年，国产季播综艺数量网络综艺节目为142部，电视综艺节目为151部。又鉴于网络媒介的时效性、便捷性与互动性等特质，诸多电视综艺节目在网络平台播出，也对电视媒介的独有性带来一定程度的冲击。以上多重表征，均显示出2019年网络综艺节目整体发展的向上趋势。

然而，对于仍旧处在青春期的网络综艺节目而言，一切看似积极向上的纯利好，是否隐含我们不曾注意的绊脚石？鉴于网络综艺节目根植网络载体的特性，这块石头很可能指向与网络载体对应的数量庞大的网络受众。来看一组数据，截至2019年6月，我国网民数量为8.54亿，其中网络视频用户为7.59亿，占比88.8%；以网络影视、网络综艺节目为主的长视频用户规模达6.39亿，占网民整体的74.7%，足见网络综艺节目对应娱乐内容生态整体布局的巨大体量。数据表明，网民喜爱观看网络综艺节目的初衷毋庸置疑，但同样，它也将影响网络综艺节目内容制作方向，以及由此引发的市场化发展趋势。

从2019年网络综艺节目整体内容来看，在TOP10季播节目中，音乐类占比4成，如《乐队的夏天》《我是唱作人》《中国新说唱》《明日之子》；语言类占比2成，如《奇葩说》；竞技、侦探推理、旅游、舞蹈与偶像养成各占比1成。除此之外，仍有多类型节目出现。这些多元化的网络综艺节目旨在满足不同受众群体的喜好，我们可以借助一部手机点播自己喜爱的节目，并可能直接影响该节目未来是否能够朝向系列化的“综N代”发展道路。同时，这也让制作者无法回避“受众等于市场”的说法在娱乐领域不断得以认同的现实。

诚然，与短视频、网络直播等其他网络视听节目相似，网络综艺节目的发展需要根植广大的受众群体。虽说石头看似指向网络受众，但其实绊脚的并非石头，而是作为制作者对石头赋予“娱乐至死”特征之后，不断强化石头“娱乐至死”功能的现实和趋向。从2019年网络综艺节目的内容倾向与受众群体来看，着力于年轻网络受众的内容仍旧占据大多数，且内容多指向与制作者潜意识认知的年轻人尤爱娱乐等对应，一些节目体现出彻头彻尾的娱乐性，似乎只有娱乐才是节目制作的主要目的，只有娱乐才是8.54亿中国网民共享的狂欢盛宴。当然，我们不提倡绝对化的思维方式，但需警惕将娱乐过度理解为消费狂欢的可能性，因为娱乐的本质并不只是明星、炒作、网红、绯闻，更与内容所映射和衍生的人文思考密不可分，“现代娱乐可被看作是一种通过表现喜怒哀乐或自己和他人的技巧而使与受者喜悦、放松，并带有一定启发性的活动”。尤其是网络综艺节目归属的网络流行文化更需要寓教于乐，与“教”有不可分割的关联，而这一点，也是我们几千年来老祖宗留下来的文化传承本质。

因此，我们并不否认对受众偏好关注的重要性，相反，我们应当对受众做更为广泛和细化的研究，因其对节目内容制作趋向的影响力也越来越细化，这对于制作者如何在了解受众的基础上，更好地发挥主导性将起到事半功倍的效果。另也提倡在网络综艺节目发展过程中，其主导性理应着力于提升某种“启发性的活动”意识。如何避免网络综艺节目内容对受众群体的过度屈从？避免诸多网络综艺节目最终流于时代发展的洪流之中而成为转瞬即逝的流行消费品？这块关乎娱乐本身的绊脚石，对于网络综艺节目的长尾化发展，也对大综艺时代“综N代”网络节目的破颈与新节目突围提出警示：

1. 界定网络综艺节目概念，加强节目的控制力与导向性。

首先要对网络综艺节目的概念进行再思考甚至再建构，由网络平台制作、出品与传播的节目是网络综艺节目，而其他媒介比如电视综艺节目在网络平台播出，是否也归于网络综艺节目类别？此问题或可参考以平台首发作为区分点的建议。在此基础上，注重受众样态发展的同时，更需加强对节目的控制力，将导向性与控制力融合，体现对受众的引导与启发价值。

2. 突破媒介壁垒，以网台联动展现“综艺态”新活力。

从 2019 年网台综艺整体 TOP20 排名来看，第一位是文博探索类节目《国家宝藏》，上文提及的《见字如面》紧随其后，排名第三则是关注认知障碍的纪实观察类节目《忘不了餐厅》，体现出 2018 年“慢”综艺延续的发展态势，也表明电视综艺节目布局文化传承和人文关怀内容之后实现价值与市场共赢的现实。这对于搬掉“娱乐至死”绊脚石的网络综艺节目而言，无疑是一次展现网络媒介“守正创新”特征的机遇。网络向电视综艺借鉴优质内容的输出，或将成为网台联动形成新“综艺态”的趋势。

3. 打造精品综艺，以头部影响力布局寓教于乐的新蓝海。

鉴于网络综艺节目受众的年龄层次较为年轻化，因此在向内容注入精品意识的同时，要发挥网络作为其受众头部媒介的影响力，实现寓教于乐的长尾目标。尤其对于点击率较高的、能够形成或业已形成“综 N 代”的网络综艺节目而言，这一点至关重要。更确切地说，倘若节目类型不变，节目内容可以在第一代获得较好受众的基础上，将内容从“看的快乐”拓展并转向“看的思考”，从而形成节目对年轻目标受众的有效引导和影响。

4. 提倡“文以载道”，以全民娱乐带动“综艺载道”落地。

“文以载道”作为我国千百年来媒介传播的视觉语言的功能性主张奠定了属

图 3-2　网络综艺节目示意图（图片来自腾讯新闻）

于我们自己的文化传统。新时代有新思维，但传统文化的传承理应植入流行文化的传播之中，传统与流行两者并不矛盾，其原因在于流行文化并非空穴来风，其内核依旧是文化传承的一部分，提升网络综艺"载道"之力是网络综艺节目未来发展的根本。因此，如何借助新形态实现守正创新，势在必行。比如《见字如面》中以字幕为原文，朗读者用现代白话文朗读的方式实为优质综艺节目学习的典范。

总之，网络媒介赋予我们更大的选择权和信息获得权，同时也导致思维疲态的逐渐显露。注重娱乐的网络综艺节目能够体现出对受众的"治愈"性，但这种"治愈"并不局限于受众的哈哈一笑，更关乎每个人脑中那块限制我们对文化、对生活、对人性深刻思考的绊脚石。

在这篇文章中，笔者指出，"传统与流行两者并不矛盾"，对于传统文化和流行综艺之间的媒介建构来说，媒介只是架构两者之间关系的桥梁，而综艺本身也只是一种传递文化的介质。与节目对应的弹幕、评论和转发等行为，展示出受众强有力的思维外化，笔者称之为"指尖力"。其实，无论什么形态，要做的，就是让受众有话说。

▼ 流行文化

进一步来看，流行文化是大众普遍容易接受的文化形态，"流行"意味着与新媒介对应的瞬时性和快餐性，虽然存在长性的、转变为传承性的可能，但大多"流行"指向都会转瞬即逝。就视听新媒体而言，媒介的使用方式出于长性发展的过程中，比如二维码支付、刷脸功能等，并不断得到发展和延伸；同时，媒介的内容则指向转瞬即逝的流行意义，比如"菊外人""We are 伐木累"等，基于流行综艺节目等形态的流行爆发力度，也随着热度的降低而逐渐淡出人们的视线。

究竟何种流行文化能够形成长性发展？从引起受众心理和行为的双重指向性来看，是那些能够引发思考以及拓宽人类社会、文化发展的流行文化，能够不断在受众中传播，经过多次传播、演绎，实现其长尾化和扩大化的影响力度的作品。比如作为电影研究者的安德烈·巴赞（André Bazin），在 20 世纪 50 年代的言论形成电影语言进化和摄影影像本体研究的流行话题，对之后的电影创作者，尤其

图 3-3　巴赞（图片来自 offscreen.com）

是法国新浪潮电影的创作者产生深远影响，在学界理论领域，他的影响力也一直延续至今。在巴赞的观点中，电影的真实性意义被强化，而在当时技术水平有限的情况下，真正的真实实际上无法实现，创作者在巴赞的引导下不断探索，形成创作观念和内容维度的真实；直到今日，电影技术的发展将真实世界和虚拟世界都真实地摆在我们面前，借助 5G 技术的速度、VR 技术的立体感……实现当年巴赞的构想。

所以说，我们在看待流行文化时，并不能一概而论地认为转瞬即逝等同于其全部内容，理应在流行性中找寻到流行带给我们视知觉快感背后的发展和传承潜力。

第三节　受众自身因素

▼ 聚类分众

从“第一媒介时代”的受众样态来看，受众指向了个体、群体以及社会大众的从小到大、由点及面的维度。互联网带给我们更深层的立体感，个体与个体之间不再是单一的个体，而是形成由共同爱好、认知、取向等构成的受众群体，多个群体组成整体性的新媒介大众。我们可以称这些群体为分众，其特点则明确指向了聚类。

比如二次元受众，在与三次元受众横向对比时，整体的二次元形成一个大范围的聚类分众；从纵向来看，则细分为以基、腐、宅、萌为主的属性分众群体，在每个属性中又存在细分，比如宅属性中可再细分为铁道宅、电车宅等分众。分众，已然成为当下受众的主要聚类形态。

伴随5G技术的普及，受众依然处于聚类分众的状态，但很可能出现回归个体的局面。但未来的个体不再是传统意义的个体——单一的人，而是指向了个体的“服务器”式形态。每个人将借助最近的基站为媒介技术的介质，实现个体的社群化和传播路径。聚类将为个体提供KOL（社群意见领袖），与拥趸实现真正互联的绝佳场域。比如“口红一哥”李佳琦，将带货布局短视频营销，为短视频受众带来更多观看快感和后续的购买力落地。虽然这种现象越来越多见，但我们依然要以一个理智的态度面对其发展，借助KOL实现有价值、有意义的布局和落地，将是KOL在带货吸粉之后的一大责任。而从KOL到KOC（Key Opinion Consumer，即关键意见消费者）的发展，也体现出消费者群体的强大影响力，这种影响是相互的。如果说KOL指向了我们“不可见”的大V，KOC则是就在身边的朋友、社区大妈或卖菜大叔，我们信任KOC的程度甚至有可能超过了带货的KOL。

图3-4　御宅族（Otaku）示意图（图片来自life.tw）

图3-5　短视频KOL示意图（图片来自xueqiu.com）

“传播流”（Communication Flow）概念，是指经过大众传播发出信息，借助各种中间环节，从而“流”向传播对象的社会过程。代表人物及作品有拉扎斯菲尔德等人的《人民的选择》、卡兹等人的《个人影响》、罗杰斯的《创新与普及》以及克拉帕的《大众传播效果》等。提到这个概念的原因在于，“传播流”在当今社会的实现，多数情况是 KOL 起到重要作用，即“大众传播→意见领袖→一般受众”。在这个过程中，会出现“噪音流”（Noise Flow），此时如何弱化 / 消除噪音流，引导影响流，控制信息流成为关键。

▼ 黏性增强

从上文中不难看出，分众的属性越细化，分众的层次越深入，分众的黏性就越高。试想一下，让你去说动一个不看哔哩哔哩（bilibili）网站的中年人去看宅舞，并可能引发好感，一定强于说动一个日漫拥趸去喜欢美漫。这就是细分的、细化的媒介内容带来的黏性力度。越小的范围得到的认同感，成为个体与个体之间交流与互动的基石。

图 3-6　黏性拥趸 Swiss　Otaku 示意图（图片来自 twitter.com）

在未来，黏性增强的趋势并不会减退。你 Pick（挑选）谁、Diss（不屑）谁或者站谁队的现象一定会越来越普遍。这一切都源自媒介的进化，不断刺激受众产生适应性心理，而这种适应的速度很可能超过了大众的意识程度，而造成更大的思维落差。所以，在未来，受众研究的方向应采取更多元的视角，对使用视听新媒体的老年受众、农村受众等要给予充分的关注。

▼ 体验与参与

“体验”和“参与”都是人类自发的某种心理需求，借助媒介使用的可行性落地，得到实现。并且，实现的程度越来越高，实现的途径也越来越便捷。

引申到人文学领域的研究者提出，艺术能够让人成为思考的人。对于第一个“人”，我们可以理解为想要得到“体验”和“参与”的人类；第二个“人”是得到“体验”和“参与”的感知之后的人类。两者之间从生理角度而言并无差异性，从精神和心理满足角度来看，第二个“人”更像是让受众能够更加看清自我的虚拟建构。也就是“人”还是“人”，重要的是“体验”和“参与”的过程是如何实现的，以及这个过程带来的视知觉快感。

再进一步引申到当下学界颇为热议的“后人类”（Posthuman）话题，这是从20世纪80年代兴起的自然、人文、社会科学领域的转向。虽然有研究者悲观地认为“人类从未人类过（We have never been human）”，认为人类生命在现代社会、技术时代的命运是越来越动物化。但我们不得不承认一个事实，无论我们是否为“人”，我们都曾经、正在以及将要“体验”和“参与”某种存在性过程的构建。无论我们是赛博格（Cyborg，即人类与电子机械的融合系统），还是动物化的后现代人，机器与有机体都指向一个可供“体验”和“参与”的共同进化的过程。

综上所述，受众接受转变，受众要求转变，受众渴望转变。转变（变化），成为时代发展的核心议题。当转变发生时，很可能是始料未及，也可能是意料之中，都成为人类与技术发展历史中不可磨灭的一道光。受众此时的身份已然从单纯的“人”或者媒介使用者、接受者、传播者转向某种媒介化生存环境制造的更原始的形态。正如法国哲学家雅克·德里达（Jacques Derrida，1930—2004）自创的词汇 Animot，其法语发音听起来像“Animaux”。德里达希望人们能从他创造的单词中感受到某种复数的、多元化的动物生命（与上文所述的分众、聚类、拥趸相契合），以及蕴含其中的属于自身的独特属性。

【思考题】

1. 为什么既承认技术具有非常重要的地位，也不认同技术的一维论？你如何评价技术对媒介的现实意义和价值？

2. 媒介技术的变革，将带来哪些影响？

3. 如何理解 5G 技术与受众之间的关联。

4. 文化如何影响媒介、影响受众？

5. 哪些自身因素是你选择媒介、使用媒介、传播媒介的核心？

6. 还有哪些因素，是受众变化的影响因素？请结合案例，谈谈你的理解。

7. 结合案例，谈谈当下流行文化的可传承性，并提出你认为可行的传承策略。

8. 设想一下，你想要成为一名 KOL 还是 KOC ？为什么？

9. 谈谈你对“体验”与“参与”的理解。

第四章
受众研究方法与实践

4

▼ 本章阅读提要

在对受众研究和视听新媒体受众的基本发展有一定了解和学习之后，需从方法和实践的角度，促使学生和研究者借助新方法和新思维，对受众进行质性分析，从而将定量的、数据的方法与定性结合，实现更准确的分析和趋势预测。本章要求理论与实践结合，制作访谈设计、调查问卷设计，并进行调研、样本分析和理论归纳。

第一节　访谈设计与分析

▼ 访谈设计构想

访谈受众，通俗地说就是人与人之间的交谈访问，也可以理解为某种一对一、一对多、多对多的采访。在访谈之前，需做好充分的准备，对访谈人物、事件及背景要做到了然于胸。在设计访谈构想时，需要对以下几种情况做好处理方式。

1. 先确定访谈主题，再寻找访谈对象。

比如临近北京冬奥会，需要对冬奥会志愿者群体进行采访，需确定采访地点，观察采访对象的要素（职业、年龄、性别等），评估所选择的采访对象能否完成采访意图，实现采访主题。

2. 先确定访谈对象，再设计访谈主题。

比如采访某部即将上映的电影的导演，需对导演辐射的群体（明星、粉丝、公司）等受众群进行先期了解，对作品以及与之相关的内容进行资料搜集，进而根据自主需求、卖点需求等设计主题。

3. 突发情况。

在面对无法准备的情况时，访谈对象和访谈主题的选择具有随机性，因此，访谈的内容和效果实际上是未知的。这就要求我们在平时养成观察生活和受众的习惯，能够从芸芸众生中选择更合适的对象。若无法进行甄别，则需要多点开花，或许能够获得意想不到的效果。在突发情况的后期整理和归纳过程中，对研究者整合信息、提炼信息点的能力要求较高。与电影剪辑类似，需要在诸多素材中，选择能够完成一个完整意义的访谈内容的素材进行有效整合。

另外，平时应多看新闻，了解适应视听新媒体时代的短平快的采访方式，有效锻炼自己的访谈能力，以及选择访谈地点、访谈对象和访谈时长等细化内容的熟知度。

▼ 访谈内容分析

在访谈结束之后，需对访谈内容进行分析，分析的目的在于：

1. 实现对受众群体样态的分析，并对该群体研究内容进行补充。

2. 将若干细化分析与总体分析结合，能有效实现受众研究这一理论体系的全面构建。

分析的重要性不再赘述，分析运用的是归纳和整合的方法，需要研究者具备较强的联系能力、逻辑分析能力与理论总结能力。

1. 联系能力：需将细碎的访谈内容、访谈内容与其他内容产生自主的、自发的联系。

2. 逻辑分析能力：运用逻辑分析，对素材整理之后的访谈内容和相关资料、案例等进行一定的逻辑整理，列出访谈内容的纲要。

3. 理论总结能力：结合理论，对纲要和资料进行整合，完成一篇具有理论价值的访谈文章。

需注意，视听新媒体专业要求的受众研究访谈设计，需完成一篇论文，而不是新闻传播学要求的通讯、消息等稿件。

第二节　调查问卷设计与分析

▼ 调查问卷设计构想

调查问卷与访谈相比，具有更广泛、未知的受众维度。访谈设计主要针对的是可见的受众，而调查问卷在互联网环境中呈现出诸多的未知属性。我们在调查前无法知晓全部调查对象的相关资料和问题靶向，因此在设计调查问卷，尤其是符合视听新媒体发展的调查问卷时，需注意以下几个方面：

1. 牢记互联网的特性，借助社交网络实现调查问卷的传播和扩散。

2. 问卷的问题设计，需要有明确的主题，但不需要有明确的调查对象，除非调查内容高度细分化。

3. 调查问卷的设计阅读时长、思考时长和作答时长等要符合社交网络的特点。

4. 调查问卷的内容要简明扼要，给予受众充分发表言论的空间。

以问卷星软件为例，笔者曾就电子竞技相关议题，设计问卷进行调查。

图 4-1　问卷星手机端示意图

在设计该调查问卷过程中，除了结合上文所述的四个方面问题，还要考虑以下四个方面的设计逻辑思路：

1. 基础题目设置。

基础题目包含年龄、性别、职业等，笔者建议根据调研主体，设置不超过 5 个基础题目即可，尽快切入专业题目，能够让做问卷的受众获得认同感，而不是陷入“大路货”般的疲态。

需注意，年龄设置的区间需根据调查主题进行细分。这就要求在设计问卷主题时，对主题潜在的受众群体有一个心理预期和预估。比如电子竞技受众的年龄结构（图 4-1），从电子竞技出现和流行的年代来看，受众可能多集中于 80 后的年龄层次，因此在设计时，对年轻受众要进行区间细化，而 80 后之前的受众则要简化区间。这样做的目的在于，能从细化的年轻受众中，发现更细化、更黏性的受众群体，可能与某个爆款游戏诞生的年代对应，也可能与某个游戏机或网游发展的过程对应，从而奠定问卷结果精准覆盖的基础。

2. 专业题目设置。

第4题： 你玩游戏吗 [单选题]

选项	小计	比例
小时候经常玩，现在长大了基本不玩	14	18.92%
一直在玩游戏	48	64.86%
对游戏不感冒	12	16.22%
本题有效填写人次	74	

图 4-2 过渡题目与调研结果示例图

从基础题目到专业题目的设置，其间可设置过渡题目。比如本问卷中设置“你玩游戏吗”，这一看似没必要设置的题目，但若从第 3 题“你的性取向”直接跨到第 5 题“你最喜欢的游戏是什么”，稍显生硬，也要考虑做问卷的受众并不都是游戏受众，因此，对于这些仅仅是感兴趣或者只是接触过游戏的“泛”受众，我们要给予充分的关注。因为“泛”指向的是体量庞大的视听新媒体受众，如年轻人、中年人、老年人，以及小镇青年、饭圈女孩等，他们若换个圈子，就可能成为这个圈子的“泛”受众。

3. 特殊题目设置。

第3题： 你的性取向 [单选题]

选项	小计	比例
异	68	91.89%
同	1	1.35%
双	5	6.76%
本题有效填写人次	74	

图 4-3 特殊题目与调研结果示例图

比如本问卷中设计的一个题目是有关性取向，原因在于电子竞技游戏受众的特殊性，如以预期年轻化年龄段为主体目标的受众，则需进一步考虑该受众的特点现状，这很可能是导致电子竞技受众选择某款具有同向性游戏的初衷。

4. 题目顺序设置。

除非设计专业主题，一般题目顺序的设计逻辑，遵循由浅入深即可。

▼ 调查问卷分析

在上述案例中，我们发现，调查问卷分析结果的诸多数据整合、抽样和归纳由软件自动完成，这为调查工作的定量部分省去较多时间。因此，我们可以借助软件相关功能，在其定量分析的基础上，做好定性分析工作。

仍以设计电子竞技问卷为例，结果显示（问卷星直接下载问卷仅显示选择题）：

第 1 题　你的年龄？ [单选题]

选项	小计	比例
15—20 岁	12	16.22%
21—25 岁	30	40.54%
26—30 岁	8	10.81%
30—35 岁	17	22.97%
35—40 岁	3	4.05%
40 岁以上	4	5.41%
本题有效填写人次	74	

第 2 题　你的性别？ [单选题]

选项	小计	比例
男	47	63.51%
女	27	36.49%
本题有效填写人次	74	

第 3 题 你的性取向？ [单选题]

选项	小计	比例
异	68	91.89%
同	1	1.35%
双	5	6.76%
本题有效填写人次	74	

第 4 题 你玩游戏吗？ [单选题]

选项	小计	比例
小时候经常玩，现在长大了基本不玩	14	18.92%
一直在玩游戏	48	64.86%
对游戏不感冒	12	16.22%
本题有效填写人次	74	

第 5 题 你最喜欢的游戏是什么？ [填空题]

（注：填空题数据请通过下载详细数据获取）

第 6 题 你最喜欢的游戏载体是什么？ [多选题]

选项	小计	比例
单机	40	54.05%
手游	41	55.41%
网游	29	39.19%
电竞	31	41.89%
其他	6	8.11%
本题有效填写人次	74	

第 7 题　你认为游戏和电竞的关系是什么？［多选题］

选项	小计	比例
游戏等同于电竞	8	10.81%
电竞属于体育，游戏属于大众娱乐	40	54.05%
电竞是游戏发展到目前为止的最高形态	34	45.95%
不好评价	14	18.92%
本题有效填写人次	74	

第 8 题　你对电竞进入亚运会有什么看法？［单选题］

选项	小计	比例
非常赞同	38	51.35%
不太理解	17	22.97%
完全否定	4	5.41%
与我无关	15	20.27%
本题有效填写人次	74	

第 9 题　你满足于现在的电竞 / 游戏内容吗？［单选题］

选项	小计	比例
满足	30	40.54%
不满足	44	59.46%
本题有效填写人次	74	

第 10 题　你认为我们现在对电竞的关注度，是应该放在电竞是不是游戏的形式问题上，还是电竞内容如何制作上？ [单选题]

选项	小计	比例
形式	14	18.92%
内容	60	81.08%
本题有效填写人次	74	

第 11 题　你对电竞内容的制作有何建议？ [填空题]

（注：填空题数据请通过下载详细数据获取）

通过本问卷调查，我们可以对上述内容进行如下逻辑分析，本部分仅做逻辑提示。如何与论文结合进行阐释，详见第八章第一节第二部分以“影游漫文”传播与传—受关系为基础的跨媒介研究：

1. 是否与预期目标对应？对应的题目都有哪些？是否有差异？差异的题目都是哪些？这些问题，理应成为分析问卷的先导逻辑。

2. 选择题进行单选和多选的区别分析，注重对选择项的扎堆、孤立等不平均现象进行分析。

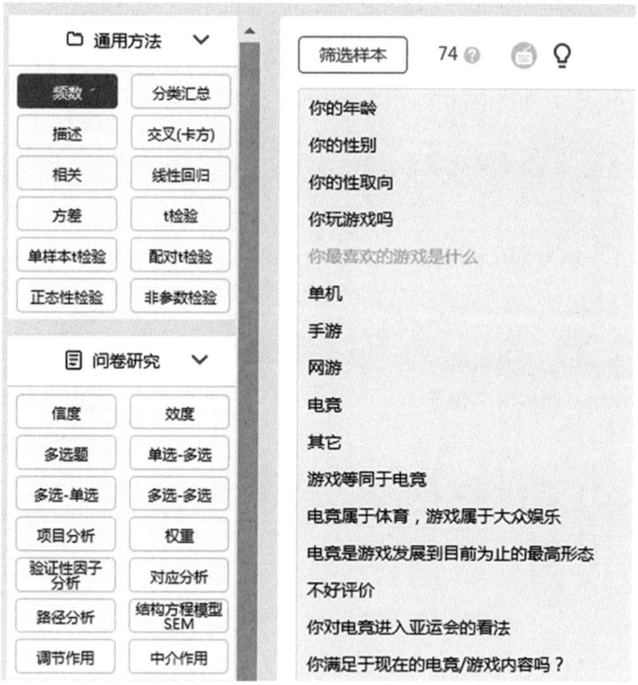

图 4-4　SPSSAU 在线统计分析部分路径示意图

3. 开放式题目如填空题，可结合预期和理论点，进行深入、详细的理论阐释。

4. 反思问题设置是否合理，可结合 SPSS 等统计工具进行深入分析，也可借助在线 SPSS 工具（比如 SPSSAU）进行分析。

人文社科类的问卷设计与分析，着重在于考量调研者对主题的关注程度，借助必要的反思和理论逻辑，从而撰写出有理有据、定量与定性并存的高质量调查报告或论文。在这个过程中，定量的目的不是为了做数据，而是为了定性分析而设置与预期相关的主题，这一点也是人文社科类研究者做质性分析的一个重要逻辑，非常重要！

第三节　数据运用与分析

▼ 大数据时代的到来

大数据的特点，用概括的话来说，即全样化数据呈现，并不在意个别细小的错误。这与抽样数据之间存在鲜明的差异性。更通俗地说，一个超市盘点的错误，并不会影响整个国家的 GDP 数据。对于视听新媒体的研究者而言，与上文调查问卷的制作逻辑同样，最重要的不是如何“制作”大数据，而是如何使用大数据进行分析。

5G 的来临，促使大数据获取和分析的速度加快，这也让我们有更多的机会接触到数据公开、共享带来的利好。对于视听新媒体受众研究而言，推荐以下几个主要的数据来源机构和网站：

中国互联网信息中心（CNNIC）

网址：http://www.cnnic.net.cn

中文互联网数据资讯网（199IT）

网址：http://www.199it.com

易观

网址：https://www.analysys.cn

魔镜市场情报

网址：https://www.mktindex.com/home/?f=360_SEM_data_C_D_7853

艺恩资讯

网址：http://www.endata.com.cn

艾瑞咨询

网址：https://www.iresearch.com.cn

前瞻产业研究院

网址：https://bg.qianzhan.com

▼ 受众测量方法概述

本部分内容摘自笔者所著《视听新媒体受众生态位研究》中的部分内容。在阅读过程中需注意，文中所述的利克特量表在调查问卷的设置中可以借用，它在多种类型和主题的调查问卷中出现的频次较高，业已常态化。其他方法需在定性分析时根据具体需要进行选择与拓展。总之，定量的目的是为了定性，受众研究的目的也在于借助定性分析，实现对受众复杂样态的深入理解。

大数据 / 抽样测量方法

大数据具备 Volume(大量)、Velocity(高速)、Variety(多样)、Value(价值密度)、Veracity（真实性）等特点，与随机抽样相比，更注重全样的意义。就视听新媒体受众而言，大数据和抽样数据能够分别 / 联合指向受众测量的诸多需求，本部分将介绍几种与媒介相关的测量方法，并非与大数据或抽样数据对应，而是契合数据测量的整体模式。测量主要针对定量与定性两部分，其中定量成为数据搜集的基础，“定量研究指的是一种系统的实证主义研究范式，它将问题与现象数量化，进而使用统计和其他相关的数学计算方法来分析、考验和解释，最终尝试回答问题和解析现象”。[①]

第一，利克特量表。伦西斯·利克特（Rensis Likert）于1932年在加总量表基础上扩大变量的可选范围，设定更注重感知和态度的满意度量表。“这个量表不仅是社会科学研究者最常用的测量工具，还广为一般人熟知，只要有过问卷受访经验的人一般都见过它，就算少数没见过的人只要接受简短的说明马上就可以理解，这是利克特量表极大的优点。它代表了一类实用性极强，非常容易被受访者理解的测量工具。”[②]也正因其易于操作的特点，很可能带来精确度不高的缺失，但针对大数据全样覆盖的广度而言，其依然是制作问卷调查的首选。受众心理的倾向度与量表选项的匹配度较好，在“非常不同意”“不同意”“无所谓”“同意”“非常同意”中能够寻找到自己内心与之对应的契合点。因此，在诸多微信自媒体平台可见利克特量表对受众满意度和喜好度的调查，其结果既完成所覆盖内容的数据搜集，也能通过简单的投票行为扩容公众账号的知名度与搜索排名。

第二，伽利略定量研究。基于相对性、客观性、实证验证、最大信息量和最小信息量原则，形成于20世纪70年代的伽利略定量研究能够提供更全面和完整的数据定量测量，包括对有态度和信念的测量、对改变态度策略的建议等。“伽利略系统运用一个连续的多维的黎曼空间（A Continuous，Multidimensional Riemannian Space）来描述各种抽象的概念（态度、信念和想法等）在认知中的相对关系。”[③]以受众对电视与手机播放剧集的议题为例，可设置问题：“同样播放剧集，电视和手机之间存在着何种差异？”受众将以一个数字指代两者之间相异程度，数字与相依程度之间成正比关系，因此从无差异的0到差异较大的100都有可能出现。值得注意的是，伽利略定量研究中数字的选择并没有对错，只有尊崇内心的感受。结合数学运算，即可建立概念的空间定位，空间中的距离代表各自差异，最终完成进一步的统计分析和定性分析。

该方法问卷设置较易，但测量与操作较为复杂，需结合数学公式、AQM

① 洪浚浩．传播学新趋势［M］．北京：清华大学出版社，2014：909.

② 洪浚浩．传播学新趋势［M］．北京：清华大学出版社，2014：910.

③ 洪浚浩．传播学新趋势［M］．北京：清华大学出版社，2014：913.

（Automatic Questionnaire Maker）、电脑与问卷的配对、借助软件生成坐标图等复杂环节，又因为利克特量表在行业内默认的地位，因此该研究方法知名度相对较低。目前，系统开发者针对该问题，在问卷回答随机化、电子问卷的友好度、制作动态概念图等方面进行与市场、受众接轨的尝试。

第三，媒介内容与框架分析法。与上述社会科学领域具体定量方法不同，媒介内容分析法的主要覆盖范围为媒介，与调查法常合作完成定量研究。无论编码 / 解码行为出现在什么环节、大众传播研究对强效果 / 弱效果 / 情境效果哪方面更为关注，内容都是传播过程的核心，描述成为其主要目标。丹尼尔·里夫（Daniel Riffe）等研究者称："量化内容分析是对传播符号的系统性且可重复的考察，即根据有效的测量规则进行赋值，并对那些数值设计的关系运用统计方法进行分析，以便对传播做出描述，对其意义做出推论，或者从传播推论它在生产和消费两方面的背景"。①

与内容相契合的框架（Framing）分析，能够有效表达主题观点甚至倾向性。框架与媒介"预设判准效应"（Priming）鉴照，"一个框架（Frame）是新闻内容的中心组织理念，它通过选择、强调、排除和阐述，为新闻内容提供背景，并暗示议题是什么。"②

以不同年龄划分新浪微博受众使用微博频率为例，可设置通用框架（Generic Frame）和特定事件框架（Issue-specific Frame）两类，如表 4-1 所示：

表 4-1

	80 后	90 后
通用框架（如一天内的使用时间段）	百分比	百分比
特定事件框架（如对八卦等突发事件的关注）	百分比	百分比
总　计	100%	100%

本部分所列举方法虽为媒介相关定量研究的部分涉猎，但足以证明数据分析

① [美]丹尼尔·里夫，斯蒂文·莱斯，弗雷德里克·G. 菲克. 内容分析法：媒介信息量化研究技巧（第 2 版）[M]. 北京：清华大学出版社，2010：25.

② [美]丹尼尔·里夫，斯蒂文·莱斯，弗雷德里克·G. 菲克. 内容分析法：媒介信息量化研究技巧（第 2 版）[M]. 北京：清华大学出版社，2010：81.

对有关媒介研究的重要性。面对复杂的受众样态，采用多重分析方法的叠加、交互，或将成为数据覆盖面、准确性以及垂直度的有力保证。定性研究则多采用 Nvivo 和 Atilas.ti，能够在人工参与度极高的分析过程中完成展示资料，反复编码和深入分析等行为。

大数据 / 抽样测量应用价值

iiMedia Research、艺恩资讯、艾瑞咨询等数据流分析公司常不定期发布与媒介、受众相关的数据分析内容，呈现以时效性、描述性和总结性为主的表征。

以数据流公司对当下短视频受众的数据分析为例，“iiMedia Research 数据显示，60.5% 的短视频用户使用类似于微博、今日头条等内嵌短视频的应用观看短视频，26.1% 的短视频用户使用美拍、秒拍等垂直短视频 App 观看短视频，仅有 12.6% 的短视频用户使用传统视频平台观看短视频。另据 CBN Data 发布的《2017 短视频行业大数据洞察报告》，30 岁以下用户是短视频受众的主力，使用黏性也更高……易观发布的《中国移动短视频市场专题分析 2017》显示，在不同平台中，秒拍及快手在性别占比上分布均衡，美拍相对以女性用户为主，而头条男性用户占比达 80%，且 30 岁以上用户占比超七成”。[①]

最终根据数据结果得出结论：“短视频的最大优势在于非常适应我们对碎片时间的应用，相比其他种类的视频，短视频可以在任何空暇的几分钟时间，成为观众一个快餐式消遣，并且可以在任何时间、任何地方消费内容。而随着市场走向成熟，短视频用户的口味将更加挑剔，平台应持续打造优质内容生态，完善内容分发方式，提升互动体验，进一步增强用户黏性。短视频创作者要实现商业变现，进而形成品牌价值，最终要靠清晰的用户洞察，尤其要满足年轻人复杂多样的内容需求。”[②]

再如中国互联网络信息中心（CNNIC）发布《中国互联网络发展状况统计报告》显示：2017 年，中国网络视频用户规模为 5.65 亿，其中手机视频用户 5.25

① 王朝明．短视频市场全面爆发，内容生态与商业模式该如何构建 [EB/OL].http://mp.weixin.qq.com/s/LQPa5GL2fU_UcmYV291OyQ.

② 王朝明．短视频市场全面爆发，内容生态与商业模式该如何构建 [EB/OL].http://mp.weixin.qq.com/s/LQPa5GL2fU_UcmYV291OyQ.

亿，以具有多个短视频分流 App 产品的今日头条为例，日均播放量的总和超过 100 亿次，用户日上传视频数高达 2000 万。在短视频逐渐成为视听新媒体主流形态的当下，数据既是其发展增幅的总结，也是对未来发展趋势的预测保障。

而针对更细化的、符合人眼视觉习惯和手持手机习惯的竖屏短视频，2016 年，KPCB 发布《互联网趋势报告》，用数据调查表明：美国人花费 29% 的时间观看竖屏内容，较之 2010 年提高近 6 倍，竖式视频既符合使用和观看的便捷诉求，也与数据统计对应，足见数据对理论设想的重要支撑。上述数据搜集与统计案例的列举，足见数据对于把控视听新媒体行业多元样态，以及对不可控因素的预估等，都具有不可小觑的作用与价值。

弗雷斯特市场咨询（Forrester Research）提出“移动思维变革指数”概念，“为了精确判断和估量你的移动投入，你还需要一个能够测量移动互动的工具……虽然你无法测量某人的思维状态，但是你可以测量他的行为或态度，这就是指数背后的洞察……移动思维变革指数由三个主要元素构成。首先，有一个移动强度分数来衡量人们有多热衷于他们的移动生活方式；其次，是移动期待得分，用于衡量人们对于公司提供移动服务的期待程度；最后，是移动行为得分，分为三类（第一，移动交流；第二，移动内容消费；第三，移动交易）”。① 该数据分析主要解决如何为移动用户推出合适的、复杂的移动应用，从而提升媒介变革与受众需求的传—受双向针对性。

而 SNS 模型则与微信数据分析等视听新媒体主要媒介形态对应，实现社区化、产品化甚至品牌的探讨。

不难看出，大数据 / 抽样数据的形态对于当下受众研究而言，都是必备因素，而数据分析方法的多样性、基于数据分析方法与媒介结合的应用价值，更体现出与媒介消费文化生态位发展相匹配的复杂、交互程度，传—受双方数据分析的结果很可能指向受众身份、行为与心理的二次建构。

CSM 媒介研究副总经理肖建兵提出建立客观、科学、符合市场需要的网络视

① [美]泰勒·谢德勒，乔希·贝诺夫，朱莉·阿斯克．移动思维变革[M]．北京：中信出版社，2015：65-66.

听数据体系的四点建议："第一，以科学的方法建立客观、科学的网络视听收视数据体系。只有方法是科学的，最终的数据才是科学的，这当中需要有监督的全量数据或科学的抽样。第二，规范网络视听收视效果的数据指标和发布标准。要采取包含时长的数据指标，客观反映节目的收视效果。第三，积极发挥第三方的作用。在实现各方利益格局之下，要充分发挥行业协会和专业数据公司作为第三方角色的作用。第四，积极促进跨电视大屏和网络视频的数据统合。在推进网络视听数据体系建设过程中，要积极促进跨电视大屏和网络视频的数据统一。"[①] 数据，对于视听新媒体受众研究而言，其未来前景不可限量。

【思考题】

根据所学内容，设计一个你感兴趣领域的访谈设计和受众调查问卷设计，并在访谈和调查中得出与所学知识对应的受众研究理论的实践表达。

① 肖建兵．建立客观科学符合市场需要的网络视听数据体系 [EB/OL].http://www.ctrchina.cn/insightView.asp?id=2214.

第二部分　受众研究的新形态

第五章
新媒体与受众

5

▼ 本章阅读提要

本书的第一部分已经涉及受众研究的基础内容，本部分将根植当下视听新媒体时代的新形态和新现象，对受众的新转型予以阐释。本章主要立足当下视听新媒体的诸多发展形态，以及这些形态给受众和媒介带来的深度影响。

第一节　新媒体形态与受众

▼ “第二媒介时代”：新媒介的分类、发展与趋势

上文提及马克·波斯特以互联网为分界，将媒介形态分为“第一媒介时代”和“第二媒介时代”，“第二媒介时代”完全依托于互联网母体，形成互联网媒介化生存的受众形态。

图 5-1　随时随地使用的便携终端示例图（图片来自 onbrandgroup.co.uk）

按照新媒介使用的载体划分，新媒介主要分为便携终端（笔记本、手机、iPad、iWatch 等）和电脑端（台式电脑）两种媒材形态。如图 5-1 和图 5-2 所示，终端便携度可见一斑。

图 5-2　台式电脑示例图（图片来自 solutions.rent）

按照视听新媒体的产业布局划分，新媒介的分类主要指的是视听内容的分类，即网络电影、网络剧、短视

频、网络综艺、网络直播和自媒体。

目前，新媒介载体发展呈现出更加智能化和终端化的特征，便携度也越来越高，主要指向手机功能的不断发展。手机的智能化程度具体到受众来说，即越来越方便和简化的使用程度。我们借助一部手机，即可完成信息生产与传播、货币交易、休闲娱乐等多元化需求。未来，手机的功能势必得到更广泛的开发和应用，而手机作为人依附的媒介载体，使用上也将更为舒适。

视听新媒体的发展，体现出对已成型的、发展较好的其他形式的借鉴，比如网络电影对院线电影的借鉴，从内容制作到宣发等环节，都无法脱离院线电影模式的影响。然而，互联网又对其发展提出新要求，内容、制作成本、宣发路径和传播效果等都需要符合网络时代的受众需求，也就是能够为广大用户提供观看和付费的机会。

未来，无论媒介载体还是视听内容，都共同指向视听新媒体的生产与传播。一部电影的网络传播，还是一部网络电影的制作，都将契合用户思维，引导思维的拓展，启发和提供思维的新转型。尤其是5G技术的运用，将为视听内容和媒介进化保驾护航。

▼ 从媒介到达到媒介“义肢”

所谓“媒介到达”，以抖音短视频为例，按照罗杰·克劳斯（Roger Clause）1968年的图解，第一圈“提供的信息”（Message Offered），指向潜在的所有传播系统的受众；第二圈“可接收的信息”（Message Receivable），指的是接收信息的最大范围，也就是潜在的媒介公众，决定因素在于其是否有网络、是否下载抖音App、受教育程度等；第三圈“接收的信息（Message Received）”，指的是抖音短视频App的实际受众；第四圈“注意到的信息”（Message Registered），指的是打开抖音平台之后，可以借助刷新和翻页观看的短视频内容；第五圈“内化信息”（Message Internalized），指的是受众在第四圈基础上进行进一步的观看选择，包括喜好、职业、受影响程度等，表现出更聚类的特点。

值得注意的是，媒介到达至第五圈之后，App会根据用户经验性的浏览对用户实行有针对性范围的信息投放，体现出大数据智能分析的优势。

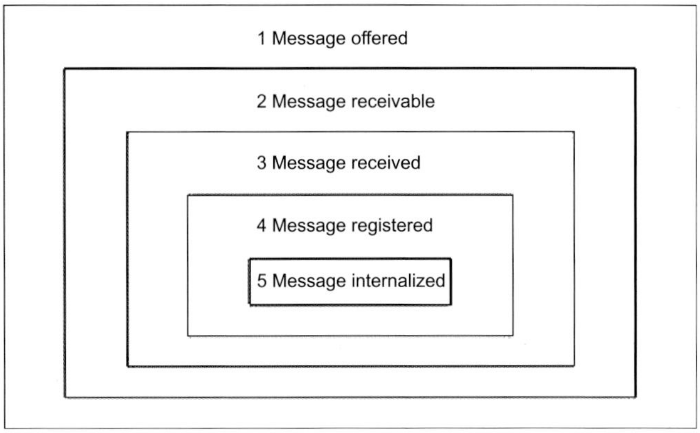

图 5-3 受众到达情况的图解（图片来自 semanticscholar.org）

关于“义肢”问题，颇有争议，争议点不在于手机是不是以一种“义肢”的形态存在，而在于我们究竟是“砍断”四肢，装上“义肢”，还是在现在的身体中“植入”“义肢”？这两者的区别在于我们对自身，也就是人类自身的认知和态度。未来，无论人工智能的发展将达到何种程度，都不应成为人类社会进步的羁绊和威胁，而是更好地为人类社会服务。由此，我们说“砍断”的意义似乎过于绝对，而“植入”能够更好地表达“义肢”对于人与智能、科技之间的关联，人类选择相信“义肢”、使用“义肢”，但也期望不对其产生依赖和臣服。

诚然，从当下视听新媒体受众对“义肢”的使用现状来看，受众早已形成潜意识的依赖感，而且这种依赖的表征越来越明显。从腾讯微信来看，受众每日借助微信实现通信、信息交流、传播甚至工作的功能越来越普及，“低头族”群体的出现正是“义肢”使用者的新聚类表现，并导致褒贬不一的评价出现。

第二节　受众的新转型

▼“块茎”的媒介生存态

德勒兹（Gilles Deleuze）曾提出“块茎”（Rhizome）概念，指出“块茎”具有联系性、异质性、多元性等基本特征。研究者称其“在思考电子传媒所引发的图像时代、阐释赛博空间的视觉文化艺术等方面具有理论上的契合意义，可被视为理解当代数字文化艺术的一种理论图式”。在电子媒介、赛博空间指向的视听新媒体环境中，“块茎”构成一种动力学的、充满生成拟像 / 真实的、反谱系式的力量。受众可以借助一个便捷的媒介终端，对信息进行复制、粘贴和重构，实现网络化的“块茎”图式表达。

受众生存在新媒介环境中，感受“块茎”的连接，并构成“块茎”之间的连接物，甚至受众群体实现超越媒介载体的、更为虚拟的“块茎”化生存。以微博社交平台用户为例，微博构建的信息场既包含生产与传播两大部分，也在不断刺激两者的关系对位。比如微博热搜话题呈现出三种特征：

1. 已在其他媒介平台得到广泛关注的信息。

2. 尚未得到广泛关注，但具有关注潜力的信息。

3. 突发信息。

图 5-4　微博热搜截图示例（图片来自 skytech.cn）

这三种特征之间存在“块茎”式的关联，正如用户思维的整合过程，在产生怀疑的时候去热搜寻找答案，产生更大的怀疑，再寻找更大的答案，这一循环现象屡见不鲜。而当用户思维的“块茎”越来越清晰时，热搜及时撤去，换为其他讯息的热搜。如此，社交网络对受众形成较好的黏着度，受众的媒介化生存也能够在讯息海洋的自我整合中得以实现。

▼ 受众的新特征

图 5-5　老年受众的媒介化生存现状（图片来自 cardi.ie）

视听新媒体受众，主要有以下两大类：

1. 传统受众。

2. 年轻受众。

两类受众的分类原则为年龄这一重要指标。

对于传统受众来说，视听新媒体时代的传统受众最重要的特征在于，他是否能够融入视听新媒体的媒介化生存状态。因此，会出现以下三种情况：

1. 能够快速融入新媒介环境的传统受众。

2. 在传统思维和新思维的碰撞中，有保留地融入新媒介环境的传统受众。

3. 无法融入新媒介环境的传统受众。

上述三种受众群体，第一种传统受众群体的数量相对较少，主要取决于年龄带来的代际差异。这是影响受众接受能力的重要因素。第二种群体处于某种“阈限”的状态之中，以支付宝使用为例，在无法现金支付的时刻，传统受众“被迫”学习如何运用手机支付的方法并发现其益处之后，将形成有效的惯性养成。但对于一些可供选择的媒介内容和媒介使用，其依然从思维定式（知识结构、生活经验、社会经验等）出发，对是否尝试具有一定的主动性。第三种完全无法融入的传统受众数量也占据一定比例，其可能趋于某种“顽固不化”的思维之中，无法变通的逻辑将会使这部分受众出现与新媒介脱离的局面。对于这部分受众，我们需采取某种适度引导的态度，而不能强行扭转，否则适得其反。

▼ 受众研究的交叉学科视角

受众研究隶属于传播学，传播学研究者对传播学产生某种迷惑——“是否归属于其他学科，还是自成一派？”从传播学的发展演变来看，其自身具备基于“传播”的理论体系，但其根植于社会、科技、文化等各领域之中，呈现出与上文所述的“块茎”对应的局面。其分支受众研究更是根植于人类发展的方方面面，势必与多重学科之间形成关联。

就视听新媒体的学科而言，新闻传播学、戏剧与影视学均有下设，但新闻传播学下设的视听新媒体主攻方向为“媒体”研究，而戏剧与影视学下设的视听新媒体主要面向的是“视听”，也就是满足新媒体视听内容的制作。方向不同，导致受众研究的学科属性不同，受众研究的重点也不同，作为北京电影学院的视听新媒体受众研究，是基于戏剧与影视学的一级学科，既满足流行文化、媒介变革过程中受众的普适性研究，也满足针对视听内容的视听观众、用户研究。在研究过程中，我们需注重人文学、社会学、哲学、心理学等学科发展的转型及其运用。

第三节　数字时代与网络素养

▼ 数字时代的媒介乱象与监管

数字时代，互联网将世界互联，受众在获得信息的同时，也会获得诸多数字“垃圾”。这些“垃圾”的生产与传播，源自制作者和受众的双向维度。更进一步看，传—受逐渐合一的身份使得受众更像是自己在承担“垃圾”的生产与传播所带来的一切后果。

以网络直播为例，有网红女主播以秀场类表演为特征，将色情融入直播内容，对男性受众进行挑逗，甚至出现“黄鳝门”、挂破鞋游西湖等视觉“垃圾”，造成社会发酵不良影响。

面对新媒介时代的诸多乱象，监管迫在眉睫。近年有关部门推出的部分相关监管措施举例如下：

2016 年，国家广电总局发布《关于进一步加强网络原创视听节目规划建设和管理的通知》。

2018 年，国家广电总局发布《关于网络视听节目信息备案系统升级的通知》。

2019 年，中国网络视听节目服务协会发布《网络短视频平台管理规范》及《网络短视频内容审核标准细则》100 条。

上述措施，均从网络视听节目的规范性角度给予界定、引导和保障，促使网络视听节目的诸分类实现健康、有序的良性发展。

▼ 受众与网络素养

在归于强制性的媒介监管的同时，受众也需自主养成网络素养。

有研究者针对受众素养提出倡议：

“你是一个公民。意味着你可以通过如投票这类活动参与公共生活。民主越来越依赖于人们获得可信信息的能力以及应对特定事件形成自己见解的能力。

“你是一个消费者。你能对你的购买做出明智的抉择，比如能够识别广告和产品植入。你能够意识到社交媒体的商业模式，在社交媒体中，你就是产品，你在被消费，企业从你身上获利。作为交换，你不停地消耗你的时间，注意力被大量不令人满意的在线体验牵着鼻子走。

“你是人类一员。管理在线关系的能力也很重要。你如何创建和分享帖子，你说什么、跟谁说，以及是在 Whatsapp 还是在 Messenger 平台上，这些都会对你产生影响。我们的在线行为总是被勾勒描述以提供数据给那些能够利用它们的公司。例如，我们最近读到了一个例子是关于公司如何利用来自 Facebook 的数以百计的美国人个人数据来影响选举结果的。”①

无论时代怎样变化，人之所以为人的本质未曾改变。受众的诸多样态也只是顺应时代发展和自身进化的多元表征，我们的生活由此构成，我们的思维也由此得以进步。

① 数字出版干货 . 网络监管真空时，媒介素养教育究竟有多重要 [EB/OL].http://www.sohu.com/a/229371129_500643.

【思考题】

1. 如何理解“第二媒介时代”对我们的影响？

2. 新媒介的分类、发展与趋势是什么？

3. 如何理解媒介“义肢”？

4. 如何理解媒介“块茎”？

5. 受众有哪些新特征？

6. 受众研究为什么需要交叉学科的视角？

7. 结合案例，谈谈数字时代的媒介乱象有哪些？如何才能实现有效监管？

8. 受众应具备的网络素养有哪些？你认为这些素养能否实现媒介的良性发展？如果你认为这些素养要求还不够，请提出你的建议。

第六章
受众的新样态

6

▼ 本章阅读提要

本章将对视听新媒体受众具体的新变化、新发展进行阐释，指出传统受众与年轻受众之间存在的具体差异和联系，以及大数据支撑的受众新形态。本章内容的阅读和学习，需要与第五章相关内容紧密结合。

第一节　视听新媒体时代的传统受众

▼ 传统受众分析

上文对传统受众已做了三种情况的划分，指出传统受众具有可变性和不变性。对于可变性中的“犹豫不决”，虽然存在推动、助力和转变的可能，但也可能出现传统受众向不变性的退潮。比如在观看网络电影的时候，年轻人会将网络电影的优势与吸引点告知传统受众，传统受众半信半疑去观看的同时，也会在网络电影和院线电影、电视等多重传统媒介形态中找寻相似点，当他发现网络电影的植入广告并不少于电视剧广告，网络电影的内容与其生活、偏好、经历等具有较大差异的时候，传统受众可能毫不犹豫地转回传统媒介，并将其对传统媒介的黏性进一步加深。

面对媒介变革与上述可能性的悖论式局面，只有视听新媒体从业者从类型选择和内容维度进行有针对性的设计，才能缓解这一略显尴尬的态势。但视听内容制作的前提，需要传统受众对新媒介使用的认同。这就需要从社会的不同方面进行渗透，使传统受众接受新媒介这一媒介载体，进而实现视听内容的较好传播。同时，新媒介的发展并不意味传统媒介的彻底淘汰和消亡，无论我们是出于“过渡”思路，还是“致敬”思路，都应理性面对传统媒介的生存问题。如何借助互联网，实现传统媒介与新媒介的融合，是媒介发展的必然趋势，也是受众的众望所归。

▼ 传统受众发展趋势

当下，传统受众常会接受一种反哺的后喻文化，比如酷爱手机游戏的儿子跟爸爸说“吃鸡”时，指的是“绝地求生”游戏，而非真正的饮食。此时，儿子告诉父亲“吃鸡”的含义，相当于父亲接受了一次反哺“教育”，这种现象被称为后喻文化，越来越常见。

2020 年 5 月，Bilibili 网站发布“献给新一代的演讲”——《后浪》，提到“所有的知识、见识、智慧和艺术，像是专门为你们准备的礼物”，“从小你们就在自由探索自己的兴趣”，“年轻的身体，容得下更多元的文化、审美和价值观”等内容。有趣的是，人们发现朋友圈转发该文章较多的是所谓年长的“前浪”，“后浪”则转发与该演讲对应的诸多自媒体文章，保持某种自嘲与审慎的态度。笔者认为，虽然“前浪”借此表示对“后浪”所处时代的感恩与情感，也表达出对“后浪”的期待，然而从“后浪”的诸多反馈来看，足以表明“前浪”与“后浪”之间的“鸿沟”似乎越来越深。在新媒体时代，这一道本不应存在的“鸿沟”被放大甚至以某种示好的形态呈现，不得不引发我们的深思，经由“后浪”而老去的“前浪”，处于“后浪”的年轻人，都怎么了？是人的问题，还是全新的媒介环境导致了这一切？对于日渐老龄化的社会来说，加剧“鸿沟”还是消解“鸿沟”？面对新技术、新媒介等全新时代的适应，“前浪”似乎要承担更大的责任。

面对越来越多的“前浪”人口，来看一组数据。2019 年 10 月，全国老龄工作委员会办公室、中国老龄协会编印《奋进中的中国老龄事业》公布数据表明，2035 年前后，中国老年人口占总人口的比例将超过 1/4，2050 年前后将超过 1/3。中国是世界上人口老龄化程度较高的国家之一，老年人口数量最多，老龄化速度最快，应对人口老龄化任务最重。中国国家统计局 2020 年 1 月发布的数据显示，到 2018 年末，中国 60 周岁及以上人口逾 2.49 亿，占总人口的 17.9%，比上一年度增长了 859 万，增长率为 0.6%。[①] 老龄化是我们需要面对的客观发展

① 中研网 .2050 年中国老年人口超过 1/3 中国老年人口最新数据 2019 中国人口比例统计 [EB/OL]. http://it.chinairn.com/news/20191010/101748988.html.

现状和趋势，在视听新媒体内容生产与传播过程中，适应老龄化的发展也体现出人类命运共同体以及人性关怀的内涵。笔者认为，作为传统受众，所谓年龄的劣势只是一方面，传统受众更应在专业、经验、权威等方面，给予年轻人更多的启示；而针对新鲜事物，也应多与年轻人交流，实现交流的交互性与对等性。

第二节　聚类的年轻受众

▼ 年轻受众分析

中国互联网络信息中心（CNNIC）发布《中国互联网络发展状况统计报告》，截至 2020 年 3 月，我国网民规模为 9.04 亿，互联网普及率达 64.5%。其中 20—29 岁、30—39 岁群体占比 21.5% 和 20.8%，高于其他年龄群体。在职业领域，学生群体数量最多，占比 26.9%。庞大的用户基数表明，年轻受众已经成为网络用户的主力军。这与 Z 世代、网生代等称谓对应，也体现出年轻人与网络之间所具有的天然的亲近性。从年龄来看，其主力地位毋庸置疑，从占比大多数的学生身份的角度来看，则映射了相关视听内容的对位。比如学生群体对游戏、网购、社交的热情有增无减，导致年龄成为当下受众群体与偏好之间关联的主要因素。

年轻受众群体主要具备以下三个特征：

第一，与时代发展相对应，新媒介技术、新网络文化等都将年轻人视为主力军，而年轻人本身又以相对“新”的身份，与时代的发展之间形成相辅相成的关联。因此，其主力军的身份不会改变。随着时代的变革，一代代年轻人都将融入全新的发展浪潮，触发全新的发展机遇。

第二，年轻受众的引导力非常强。这一点，既与年轻人较好的适应力和创新力正相关，也体现出年轻人在当下面对传统受众、老年受众时更加自信的特质。这种自信一方面来自时代赋予年轻人更多元和开放的视角，另一方面也可以说是传统的、老年受众对其期待的凸显。当这种引导力以朝气、积极的态度呈现时，时代的发展将推动其引导力的正向发展，从而促使人与社会、人与时代之间的关系变得越来越和谐，也越来越趋近天人合一。

第三，年轻受众肩负反哺的责任。与上文所述传统受众的后喻文化对应，年轻受众需对与其正相关的诸多转型、创新等实施反哺，从而促使更多的受众群体，尤其是老年受众群体产生相对应的认知力。较之老年受众群体自主学习而言，反哺将实现事半功倍的效果。

▼ 年轻受众发展趋势

伴随影视、综艺、短视频、直播等视听新媒体内容的不断拓展，对其受众，尤其是年轻受众的偏好、创意、心理诉求等多元发展的趋势进行预判，尤为重要。就目前年轻受众群体普遍关注点来看，以北京电影学院视听传媒学院 2019 级广播电视编导专业学生“受众研究”课程考核中涉及的调查对象来看，主要分为以下四类：

1. 广义的视听新媒体受众调查。

2. 与流行文化对应的受众调查（“网络暴力”人群画像、美妆博主、饭圈、HIPHOP 文化等）。

3. 与当下热议事件及受众心理对应的受众调查（新冠疫情期间网课情况、对流浪动物的态度、对 AI 合成主播的看法等）。

4. 个性化受众研究（以自己的创作作品为例，进行居伊 · 德波《为萨德疾呼》[①] 式的尝试）。

调查对象的选择，基于教师的把关，由学生自行决定，足见其选择范畴的多样化，同时也存在较为明显的变量。尤其是流行文化、热议事件的阶段性特征，凸显视听新媒体时代信息爆炸的力度和广度，信息到达率之高、之快令人难以想象，由此引发的信息获得、心理与行为的反应等接踵而至。评论、转发的瞬间性，让人们的思维能力也变得越来越碎片化。当我们呈现出某种感性的诉求之后，理智的思考或将改变感性带来的非理性预期。这一切往往是徒劳的，却也给我们发

① 居伊 · 德波借助这部实验性较强的影片，并不注重影片本身的内容功能，而旨在刺激观影受众，从而观察受众反应。

出一个警示：视听新媒体对受众的影响，利弊均有，我们务必谨慎、理智地对待信息。尤其在教学过程中，教师需引导学生注重这种理智性的培养。当然，这种能力往往与自主性正相关。

第三节　海量用户与小群效应

从上文数据得知，当下用户数呈现出海量特征，但在海量之中存在诸多小群。徐志斌将小群效应称为“席卷海量用户的隐性力量”，他指出：“人们已经由大广场、大社交圈分享的状态，迅速进入了小群沟通和分享的状态。”① 海量与大数据对应，展示出用户体量的庞大，但又因为媒介特性、思维形态等多层次的转型，导致这种庞大的表征内部隐藏越来越细分的小范围群体。这也导致我们对于海量、小群的思考趋于两点：

第一，海量的整体性，展示出用户群体不断增长的态势。用户增长与媒介普及率正相关，也凸显出媒介越发展，覆盖率越强的特征。

第二，小群存在于海量之中，分化为诸多不同的特征，也具有普遍存在的共性。

面对受众群体从内涵到外延、从市场到文化的诸多转型，我们既生存其中，又应当时常抽离于其中，以某种更客观的视角来审视自我，思考当下，把握转变。比如面对当下诸多新鲜事物的出现，以“多频道网络”（Multi-Channel Network，缩写 MCN）为例，我们可将它简称为“网络达人经纪公司”。它是信息平台与内容创作者之间的中介组织，它一方面与新浪微博、今日头条、抖音这类大众信息平台合作，另一方面帮助创作者拓展受众、编排内容、经营广告等。在有限的平台和大量的创作者之间，多频道网络起到越来越重要的连接作用。国内短视频行业自 2016 年开始爆发式增长，多频道网络伴随网络内容生产浪潮，引人注目。②

---

① 徐志斌．小群效应：席卷海量用户的隐性力量 [M]. 北京：中信出版社，2017：13.

② 张成．网络文化关键词 | 多频道网络：有效发挥丰富内容生产作用 [EB/OL].https://mp.weixin.qq.com/s/zEB8NRKyH6hDBxIorJUt4w.

对于年轻受众，理解 MCN 的关键在于，对新事物认知的目的性取决于可能存在的工作机遇、偏好影响的小群范围等；传统受众则更注重这个新生事物是否易于理解，与自身的生存和认知空间的关系如何，等等。因此，对于新生事物的认知，既体现出海量的覆盖率，又需从不同细分的维度进行小群思维的延伸，而这种延伸的广度和深度也在不断扩大。

面对小群的扩张与发展态势，徐志斌指出："人们组建的大部分社群，都是被浪费的和迅速消亡的。"①其原因在于，我们面对新生事物的初现之时，常带有心理作用引发的好奇、兴奋以至于外化为行为的惯性，这一点与巴赫金式的狂欢对应，更体现为人类心理共情的充分展示。但理智过后，我们往往也会更冷静和理性地面对存在事物所引发的问题，当这一问题不断叠加和放大从而影响到小群存在时，对问题背后行为惯性的理解即趋于冷静。此时，我们需反思，小群的存在意义究竟是什么？小群受众存在的意义究竟是什么？类似存在即合理式的存在主义式思考，在当下视听新媒体时代究竟应当如何拓延？这些议题，依然影响我们对视听新媒体受众的深思。

【思考题】

1. 谈谈你对视听新媒体时代传统受众的理解。

2. 谈谈你对视听新媒体时代年轻受众的理解。

3. 当大数据成为常态化之后，海量用户与小群效应将会出现哪些发展趋势？

4. 为什么"年龄"是区分当下受众样态的主要标准？

5. 在视听新媒体信息传输呈现出爆炸样态的当下，如何促使年轻受众（比如学生群体）更好地适应这一环境的生存？

---

① 徐志斌．小群效应：席卷海量用户的隐性力量 [M]. 北京：中信出版社，2017：88.

第七章
视听新媒体受众分析

7

▼ 本章阅读提要

本章将分门别类地从视听新媒体各类目内容的角度出发，进行受众分析。需注意的是，各门类之间的差异性取决于内容、媒介、认知、文化等多维层面共同作用的结果，因此差异性并非其独特性的决定因素，而是差异与共性共存的形态指征。因此，对于不同门类的受众，要以整体 / 细化结合的方式进行研究。

第一节 视听新媒体分类与发展现状

按照当下视听新媒体的分类原则，即从视听与新媒体的双重维度考量，视听与视听内容对应，新媒体与“第二媒介时代”的网络媒介对应，则可以分为网络影视与网络综艺、短视频与网络直播、自媒体与社交媒体三大维度。

具体来看，网络影视与网络综艺形态较之完全的创新力更倾向于传统与新媒体的融合，因为电影、电视剧与综艺均为传统媒介的视听内容呈现。短视频、网络直播则是上述视听内容的衍生品，短视频与电影短片之间的关系呈现出一定的延续性，网络直播与传统电视节目的直播也具有一定的关联。而自媒体与其他社交媒体的发展，比如 Vlog、Plog 等形态的不断孵化，都与新媒介的网络属性息息相关。正因为网络的碎片化、瞬时性和快餐性，才导致受众接收信息、处理信息和评论、传播信息的能力在不断得到锻炼，反过来又促使网络变得更加碎片化、瞬时性和快餐性。于是，符合这种特质，又能够满足人们互动性心理诉求的新形态便应运而生。面对这些新生的视听新媒体，我们应当以何种态度面对其发展？其未来是否具备常态化发展的可能？或只是昙花一现？

第一，从电影、电视剧、综艺节目的网络化角度来看，究竟网络化现象是电影、电视剧和综艺节目自主自发的转型，还是因网络迅猛发展带来的“被动式”转型？这是理解网络影视和网络综艺节目出现的关键。而解答这个问题的关键在于，如何看待上述视听内容的媒介属性？电影自成媒介，而电视剧和综艺节目则依托电视媒介。在 20 世纪五六十年代，当电影与电视形成 PK 关系的时候，电影并未因电视的出现而消亡，而是更专业化地走向技术、叙事支撑的两大维度，这一点是我们从“视听盛宴”和“讲好故事”的电影创作思维中都能感知的。这也给我们带来一个结论，即相对传统的媒介视听内容并不会因为新生事物的出现而消亡，最终却会出现电影与电视这样双赢的局面。这也为我们思考当下短视频和电影之间的关系带来新的维度。

第二，接第一点的思考，我们来看网络电影、短视频与电影之间的 PK 关系。有研究者认为，电影向网络电影甚至短视频转型，是一种不可阻挡的趋势。这一点与媒介变革密切相关，但并不能说电影的特质出现网络化、短视频化的趋向，因为两者之间存在差异性。对电影来说，院线的场域特质由来已久，业已成为其独特性展示的重要一翼，虽然出现网络电影新形态，但不得不说，网络电影创作与院线电影创作之间存在诸多差异，大到主题、类型的选择与审查制度，小到时长、贴片广告的位置等。两者的发展可以说是并行的。进一步来看，短视频呈现出明显的新媒介载体属性，也就是说，它是新媒体的产物，这与电影有着本质的区别。因此，从受众角度来看，短视频基于手机等媒介终端载体，形式和内容也呈现出更加平民化和接地气的表征。因此，人人皆可拍摄短视频，成为当下流行的视听内容全民化展现的一种形式。由此引申出的直播、私纪录片等与传统直播和电影短片、微电影之间也存在差异性，体现在更敏锐的瞬时性和快餐性，更具想象力的互动特质，以及更为大众化的流行文化思维。

第三，自媒体与社交媒体的发展，需要更多的导向性和引导力度。基于社交媒介的自媒体，是视听新媒体视听内容的主力军，以其大众化属性，让每个人拥有了自己可以发言的空间。自媒体则是这种空间得到不断发展的表现，无论从内容维度还是形式上来看，自媒体作者都将以全流程制作人、理论与实践结合等身份呈现，这一点对于我们的教学来说，也是转型的关键。

第二节　视听新媒体受众分析关键词

作为上述视听新媒体受众研究的最后一节，本节将不再赘述诸多理论思维，而是总结出几大关键词，以供读者阅读和思考时作为参照。

互动：人类不断创新的核心，实际上就是要借助新技术和媒材，实现人与虚拟、梦境、幻象等非真实之物的连接。

体验：这个词由互动带来，与感知、心理、行为等密切相关。

情感：一方面受众投入了情感，深入生活和生存场域；另一方面研究也需投入情感，因为对象即我们自身。

理论与实践：理论来源于实践，也一定能够反哺实践，需重视理论的应用性。

创新力：具有创新力，是保持永不枯竭的创作力、实践力和思维力的关键。

哲学思维：最高维、本原的哲学思考，将带领人们走向真正的精神进化和思维解放。

【思考题】

1. 根据视听新媒体的分类，谈谈你对视听新媒体分类未来整合与差异的理解。
2. 结合具体案例和所学理论，分析视听新媒体受众未来的发展趋势。

第八章

受众研究案例与课程考查

8

▼ 本章阅读提要

本章基于上述理论与现象的阐释，以笔者撰写 / 发表的相关论文为核心，实现科研成果的教学转化。本章列举的案例仅为笔者撰写 / 发表有关受众研究的部分，但足以表明，视听新媒体受众研究具有深远性和肥尾化。笔者在《视听新媒体传播概论》和《视听新媒体受众生态位研究》中也有相关文章涉及，读者可根据需要，形成阅读和研究矩阵。

第一节 对受众相关教学媒介与教学形态研究

▼ "屏对屏"在线教学的媒介到达与传—受效果研究①

（本文受 2019 年北京电影学院本科教学质量提高教学研究项目资助，编号 JWC201902006）

【摘要】新冠疫情的暴发，给人民生产、生活带来重大影响。就教育领域而言，"面对面"上课的传统形态消解，借由视听新媒体环境和新媒体载体的"屏对屏"大规模在线慕课（MOOC）教学浮出水面，引发社会热议。本文基于新时代、新媒介带来的新的人类思维方式，以受众研究为核心，对在线教学模式进行探讨，对"面对面"课程进行视听新媒体"屏对屏"式的媒介到达率与优劣分析，为相关研究者和教学工作者提供某种可借鉴的新思考维度。

【关键词】在线教学　媒介到达　传—受效果　受众研究

新时代赋予我们新的认知和新的体验，不仅指向时代、社会、文化等传统宏观视角的场域性表征，更与新生存样态紧密关联。在新时代，我们借助新媒体，成为新受众。对受众样态的研究素来是传播学理论研究和现象分析的主流，丹尼

① 本文引自作者谢辛撰写文章，全文发表于《齐鲁艺苑》，2020 年第 6 期。

斯·麦奎尔所著《受众分析》(*Audience Analysis*，1997)对受众理论进行详细的阐释，为后人选择受众研究的理论依据提供充实而完备的基石。而作为当下新时代新媒体环境中的新受众，在线教学对教师 / 学生的传—受双方均产生不同以往的影响力。

在线教学媒介到达效果分析

教师 / 学生的传—受表征

受众(Audience)是对“传播者-受众”形成的传—受关系中“接受者”(Receiver)的统称。麦奎尔认为：“受众被简单地认为是一个或另一个媒介渠道、这一类或那一类媒介内容或表演的读者、听众或观众。”① 在视听新媒体时代，由于视听新媒体所属的媒介环境改变，导致受众发生多重形态的改变，呈现出某种拓扑式的重构 / 再建域视角，传统意义的受众概念逐渐转为传—受合一表征，但需注意，传—受表征依然保有主次之分。

以在线教学为例，学生不再是传统意义的“接受者”，他在教师的控制下具备信息生产与传播的身份。如钉钉 App 授课体验功能包括连麦互动与点赞，学生对于实时教学的反馈与媒介到达的速率呈正比，但学生行为由教师端控制；腾讯会议、小鱼易联等视频会议平台，以及雨课堂等慕课平台更显性地倾向教师主控性，在教学过程中借助教师端开启学生视频，促使学生对于信息的接受从单纯的教学转为对屏幕中所有信息的接受，进而借助截图、评论、弹幕等功能实现其自主化、多媒介传播，践行 Stephanie Norman 所述的“You can learn whatever you want！(你可以更自主地学习)”② 从而达到传—受合一之后更舒适、更开放和具有弹性的心理预期，有利于在较个体化和静态端的环境中增强理解学习内容本体的能力，实现较好的媒介到达。

因此，传—受表征首先指向了教师端作为主要“传者”的控制力。当下出现的诸多“翻车”事件，比如新浪微博热搜中打开不该播放的视频、嘈杂的背景声、

---

① [英]丹尼斯·麦奎尔 . 受众研究 [M]. 北京：中国人民大学出版社，2006：2.

② Stephanie Norman.5 Advantages Of Online Learning: Education Without Leaving Home [EB/OL].https://elearningindustry.com/5-advantages-of-online-learning-education-without-leaving-home

教师忘开声音导致静音授课等，从某种意义上说，均指向教师端操作失误。但也由此形成了再媒介化的传—受主次倒置，学生将视频截图、事件以及表情包等上传至社交网络，形成对教学形态的再建域。由此给教师的在线教学提出挑战。我们身处视听新媒体环境，生产并实现信息传播的前提是避免出错。

回溯学界对受众最初的理解，与人们聚集在某个特定地点、场域的行为有关。比如古罗马竞技场内，围观人与猛兽争斗的观众，即是具有接受者意味的受众。然而，早期受众的这种“在场性”也决定其规模数量的标准远远低于今天媒介化的社会。新兴媒介一次又一次的革新，也将受众的范围逐渐扩大。麦奎尔认为，今天的受众，“人数更多，更加分散，也更加个体化和私人化”。当下在线教育环境中，教师 / 学生的课堂环境属于 O2O 形态，教师的“O”与学生的“O”很可能都在独立的封闭空间内完成，将个体化和私人化的物理空间 / 心理空间发挥到极致。这也给我们带来一个事实：媒介，已成为新时代受众生存的主场域，教学内容与形式革新迫在眉睫。

“块茎”化生存样态与媒介到达

从传统受众研究视角来看，以大众传播、效果研究及使用与满足（Use and Gratification）研究等为主的结构性研究、行为性研究与文化研究已构成研究主体，覆盖受众生存样态的全部范畴。如今，对受众生存样态的着力点依然与受众研究本体息息相关，却又展示出前所未有的“块茎”式（Rhizome）发展趋向。面对5G 时代的到来，人类即将从 4G 媒介化生存走向 5G 智能化生存，“块茎”的流行性与意指性将进一步得以增强。面对不断井喷的新媒介、新文化甚至教学方式的变革，我们将如何面对新受众（也就是我们自身）？

分众层次的“块茎”化

在大众逐渐转为分众的时代，效果研究的目标指向性和细化程度更为明确，使用与满足不只局限于学生“使用”网络“满足”学习需求，教师“使用”网络“满足”教学需求，也包括家长的监督、打卡甚至与学生同上课等行为。开发者对于软件问题的反馈和修复，社交平台对在线教学现象的持续关注等多维层次，都旨在展现在线教学“块茎”化场域建构已经从单一走向整体的现实。

媒介到达的“块茎”化

当下新受众的新媒介载体主要依托互联网，借助罗杰·克劳斯（Roger Clausse）对媒介到达的五个圈层划分：最外圈“提供的讯息”（Message Offered）指向潜在的所有传播系统的受众；第二圈“可接收的信息”（Message Receivable）指的是接收信息的最大范围，也就是潜在的媒介公众，决定因素在于其是否有网络、是否下载教学 App、受教育程度等；第三圈“接收的信息”（Message Received）指的是某教学 App 的实际受众；第四圈“注意到的信息”（Message Registered）指的是打开某教学 App 之后，可以学习的课程内容；第五圈“内化信息”（Message Internalized）指的是受众在第四圈基础上，进行进一步的课程门类学习选择，表现出更聚类的特点。当媒介到达第五圈之后，也就实现了教师 / 学生与家长之间的行为联动，教学闭环也由此形成。

结合当下在线教学现状来看，媒介到达的目标受众（Target Audience）实际上超过预期，如果将教师在线教学的累计受众（Cumulative Audience）划定为学生群体，家长则成为“暗指”（Implied）受众，在教学过程结束之后，又转化为监督身份，以协助教师完成课程的整体效果。这一过程本身就是“块茎”式的，显示出多媒介、多受众群体的重叠态。

媒介、文化与新受众

不难看出，互联网媒介正如马克·波斯特（Mark Poster）的时代划分（他将互联网作为节点，称互联网媒介为“第二媒介时代”，称之前的诸媒介为“第一媒介时代”），显示其强大的覆盖面和影响力。互联网影响我们作为受众的身份建构 / 再建构，也影响文化生成。

在线教学形式正是基于互联网媒介诞生的“互联网 + 教育”新形态，借助网络，实现国内外教育行业的联动、“屏对屏”教学的落地。倘若技术（尤其是 5G 技术）普及之后，更稳定和高速的技术支撑不再成为传播阻碍，那么对于在线教育的认知是否应当转向适应力和创新力等层面。

解决这一问题的关键依然回归受众本体，学界对受众研究的重点需从受众这一关键词本身，移至对其生存环境和其在传—受状态下制造文化能力的思考。

第一，受众对教学内容的需求与再传播，取决于“满足群组”（Gratification

Set）的精准度。最初，受众处于某种媒介主动性状态之中，媒介为广大受众群体提供信息，等待受众反馈，从而引发社会效应。当下，媒介的发展，也就是媒介的主动性逐渐增强，受众的思维与技术进化之间存在某种差异性，这源自年龄、知识结构、职业等多重人类社会的身份维度和认知维度。在这种情况下，不断进化的新媒介制造与之契合的新受众。

此时，受众的双重性愈加明显：

一是媒介为满足受众而生产和传播信息。

二是媒介变革带来新的受众样态。

如此一来，就呈现出麦奎尔所谓媒介创造的需求（Media-created needs）和受众“自发”（Spontaneous）需求的双重性，而这种双重性在时代发展和技术进步的过程中逐渐融合。如今，作为在线教学的接受者（学生、陪读家长）的自发需求和传播者（教师）的创造需求的融合更因受众身份从单一受众逐渐转为传—受合一的维度而形成更紧密的关联。如何实现更大范围且更精准的“满足群组”？从定义来看，“满足群组”指的是基于与媒介相关的兴趣、需求与偏好等多种可能性而形成或重组的受众。[①] 其中，“群组”概念的引入，表明组成群组的个体之间原本是分散、并无关联的。当不同空间的学生因网络课程而聚在一个虚拟的教室中，此时教师要考虑的是如何用音视频、白板等课件演示并满足所有学生学懂的目标性，而网络技术工作者需保证 App 流畅的使用效果，而作为群组内部的学生则需实现智能化、网络化的自我满足。

第二，在线教学内容涉及传统 / 流行等多重文化，但其本体、传播过程以及衍生文化等均指向流行文化，“品味文化”（Taste culture）概念理应重识。赫伯特·甘斯（Herbert Gans）在 1957 年提出“品味文化”概念，是指“被同一类人选择的相似内容的总和”，其指向的不是由个人组成的群体，而是媒介产品的相似性。从甘斯提出的年代来看，后现代的无原则、无中心、消解一切的特质已影响广大受众的认知度，从而将传统的意识形态、知识堡垒等打造的群体破除，形成更细化的群体形态。而到了视听新媒体时代，这种细化程度越来越高。“满足”

① [英]丹尼斯·麦奎尔 . 受众研究 [M]. 北京：中国人民大学出版社，2006：41.

的“群组”和“群组”“品味”的文化都带有新指征，需要新思维去分析和阐释。

腾讯会议、钉钉、小鱼易联、雨课堂、云班课等 App 在新冠疫情时期的运用，展示出媒介产品的“相似性”，但又因其界面设置、技术稳定性等差异，导致受众对“相似性”的选择趋于“满足群组”的程度。也就是说，大部分人选择一款 App 并产生较好的体验度，将会影响其他群体的选择。

因此，将在线教学案例对应新受众研究议题，其焦点主要指向以下四个方面：

一是根植当下技术发展影响下产生的受众诸多样态，以“身临其境”的体验式态度面对受众和受众研究。

二是联系传统受众研究和当下受众样态发展现状，对受众研究进行有理论、有思想的深度拓延。

三是建立媒介生态化思维，注重新受众赖以生存的新媒介对受众的影响。

四是教学需要与时俱进，体会学生的新偏好、新文化和新表征，用心去感知新时代的脉搏，并在这个过程中强化主导意识和正能量。

在线教学方式破冰与到达策略

以“交叉性”为核心的教学关键词

鉴于上文所述，无论以受众研究作为分析教师 / 学生、家长的理论点，还是从在线教学行为的到达效果角度阐释，都凸显这一教学方式的前瞻性和创新性。

网络促使受众之间的交互性增强，具体到教学的互联网式建构来看，建构的核心指向受众依附于多学科的“交叉性”，以及受众自身文化属性、媒介属性、多维需求等带来受众身份 / 关系的“交叉性”。

回溯麦奎尔曾在 1994 年提出的三重传—受关系模式：

1. 传送模式（Transmission）。

2. 表现（Expressive）或仪式（Ritual）。

3. 注意（Attention）。

可见，三重关系将受众的身份定义为目标、参与者以及观看者，也就是信息到达之后受众如何处理的方式成为受众分化和演变的主要内核。在当下视听新媒体时代，这种传—受关系中对受众身份的认知，已经成为过去式。并不是说研究的方向不再倾力于传—受关系的演变，而是这种演变过程已经不再是传—受关系的重心，受众的新形态从一开始就是包含传—受两重身份的，我们应当以一种开放、创新的视角来看待受众，看到新受众的发生、发展和进化，即教学过程和教学目标的交叉和共融。

从媒介角度来看，当下新媒介的发展速度不容小觑，网络电影、网络剧、网络综艺、短视频、直播等都打造了一批新受众，主要有以下几个特征：

年轻化

如新群体样态——Z世代（20世纪90年代中叶至2010年出生的群体，统指伴随互联网、手游、智能手机等科技变革而成长的一代人）的诞生。

媒介使用度较好

无论什么年龄段的受众，在面对新媒介时能够较快接受、较好使用，迅速成为新受众，而其余受众与其之间则存在明显的媒介“代际”。

媒介思维较强

新受众对媒介的接受能力普遍超过传统受众，同时具备新媒介思维，能打破传统的思维定式，或者根本就没有思维定式。

新受众的新特征，促使教学思路趋近更为开放和交叉的维度，此时的“交叉性”为多学科下设的专业课程教学提出挑战——如何在教学中体现“交叉”，从而更好地完成互联网在线教学目标落地并实现超预期效果。

联想性与发散性思维训练的必要性

根据上文所述，在线教学逐步常态化，当课程名称发生与时俱进的变化时，课程内容也应有新思路和新布局。教师需在适应在线授课的形式中，深度研究教学内容与受众需求之间的对应关系，并从主控性角度实现事半功倍的教学效果。

借助网络媒介的信息供给与获取的普及优势，教师可以将教学思路从“面对面”真正走向以“屏”为主导的教学视角。比如对联想性和发散性思维的训练，将因网络“块茎”式的知识覆盖而使学生较快、较易获得可联系的知识点，并通过再思考的不断外延过程，将这种知识点的串联变得更为广阔，最终形成基于某个教学知识点的“块茎”。这在传统的教室教学中较难实现，原因在于教室环境中的教师是信息中心，其自我的、个体的信息茧房（Information Cocoons）将在无网络环境中实现学生群体的窄众满足，拓展的可能性也基于教师自身是否具有强大的联想、发散思维能力。虽然学生能够在课下对知识点进行网络查找和思路拓展，但由于时效性的降低，兴奋点、渴求度等均弱于实时的在线教学。也就是说，在线教学过程中遇到的某个可以拓展的知识点，学生可以借助该终端或其他终端等多媒介平台，实现知识点联想、发散的实时性，从而提高学习效率与到达效果。

基于联想性与发散性思维训练的必要性，首先在教学内容上，教师或将理论教学与实践赋能结合，激发学生潜在的学习兴趣，加固学生对课程学习和受众认知的黏性；注重横向学科之间的交叉性和跨学科属性，拓展纵向的、垂直的延伸维度。其次，教学形式更注重软件的便捷性与功能性，如小鱼易联的 PC 端功能略多于苹果端，对授课电脑终端的选择有一定的帮助，也可购买手写板、演示版等第二块屏，实现授课内容与课堂监控的实时同步操作。再次，在板书设计上，如 PPT 或需遵循简约设计理念，抓住核心关键词，用较少的文字、较多的关联图表等静动态结合内容，吸引屏幕对面的学生；运用好白板功能，借助启发、引导的思路连接线引发学生强烈的好奇心与求知欲。如此，既避免在线教学可能源自传统教学填鸭式的弊端，又能够契合和适应当下屏幕终端观看的受众心理需求。但不可忽视的是，在线教学对于教师破除传统教学思维，进行自主革新的挑战，可谓任重道远。

教学反思推动媒介到达新思路

当教学思维产生主动变革的可能性之后，教师需具备与在线教学过程相对应的教学反思。比如在线教学的直播形式，年轻教师与年长教师对直播环境的选择呈现出两极化的表征，疫情期间，因教师 / 主播的身份关联、环境背景人物 / 声音、五花八门的教具等与教学内容无关的问题，导致在线教学直播成为热搜。究竟什么样的环境和教具最适合在线教学？是否应该对接相关产业的落地？

而平台卡顿、服务器不稳定造成教学无法正常进行的现象频出，对于教师而言，又增加一个与教学完成相关的思路，即使用多平台教学尝试，从而发现最适配的平台，比如某高校教师疫情期间在微信群提供经验：腾讯会议用于讲课，雨课堂用于记考勤，SPOC 用于作业与习题，微信用于一般性沟通。

当网络媒介以常态化渗入人们生活中，在线教育实际上也将成为常态化的教学方式。对学生群体来说，优势在于学习的全面性、交叉性增强，缺点在于必要的“面对面”互动性和监督力的消解。但笔者认为，优势依然大于缺点，由此对学生的学习目标提出如下几点建议：

1. 学生要在学习过程中自主养成理论联系实践的思维方式，将所学知识体系与成果紧密结合当下视听新媒体的业态环境。

2. 需将传统的“面对面”视角，逐步转向互联网以及“互联网 +”所带来的网络媒介传播新载体，以网生代的思维自主培养“屏对屏”教学适应性。

3. 不断加强问题意识，多思考，多发散、多拓展，大胆试“错”，适应全新的上课形式，在学习和实践中感知社会、人性，最终实现认清自我的终极目标。

4. 借助具备“交叉性”的共享资源，对同向课程及拓展课程进行自学，将教师授之以渔的“渔”作为培养自学能力的金钥匙。

总 结

综上所述，笔者借助受众研究的视角，将视听新媒体时代的教师、学生作为主要受众对象，研究在线教学方式的媒介到达与传—受效果，足见到达率之高、效果之精准，传—受关系也在不断适应网络赋予的诸多新能力。诚然，一种新教学方式的全民化普及，需要时间、经费与媒介等多方支持，但重要前提是教学过程中参与者自身的思维转变。此次疫情时期特殊的在线教学，给我们带来诸多思考。而随着智能化的不断推进，教学方式的革新将进入更新、更具想象力的领域。对于受众而言，对传统思维的挑战将越来越多，反之，也促使新思维不断拓延，最终实现人类个体 / 群体的全面进化。

第二节 以“影游漫文”传播与传—受关系为基础的跨媒介研究

▼ 新游戏时代：电子竞技内容制作与受众认知转型[①]

【内容提要】如今，媒介、技术与文化等因素不断催生传统游戏从单机到网

① 本文引自本书作者谢辛撰写文章，全文发表于《当代动画》，2019 年第 1 期。

络、从游戏到电子竞技（以下简称“电竞”）的转型，受众认知也倾斜于与之对应的心智消费，新游戏时代来临。虚拟生存与竞技快感为逐渐适应媒介化生存的受众带来更具挑战性的体验，随着亚运会中国电竞队的夺冠，电竞产业发展新蓝海将持续发力。针对上述发展现状和趋势，本文将阐述电子游戏的发展历程，着力探讨电竞行业的内容制作与受众认知，为未来电竞从业者提供正向的思路借鉴。

【关键词】新游戏时代　电竞内容　受众认知

游戏，以某种潜在的、原始的心理共识存在于人类的社会活动之中，影响不同时代的受众，尤其是年轻受众的娱乐和消费需求。伴随科技的不断进步，真人“面对面”的“身体”（Body）游戏行为逐渐转向以游戏机、电脑、手机等“屏对屏”媒介载体的“身份”（Identity）电子游戏。在这一过程中，玩家逐渐养成游戏竞争心理，心甘情愿沉浸于游戏世界中，以获得胜利、寻求快感为竞技目的。1986 年，美国 ABC 频道对两个孩子玩任天堂（Nintendo）游戏的事件进行直播，成为依托技术的游戏与媒介平台之间首次联姻，这即是电竞的发端。然而，当下逐渐勃发的游戏产业造成受众普遍产生对电竞与游戏之间的误读，亚运会电竞项目的出现又造成电竞与体育之间的误读，这些误读很可能是由某些主客观因素导致的思维定式所致。因此，我们困惑的是，是否需要对游戏、体育和电竞等概念进行重新梳理？抑或摆脱困惑的束缚，将视角转向更深层和专业化的内容制作领域？

游戏转型、媒介变革与心智消费

游戏的意义：新消费与“幸福”观

在从现代主义到后现代社会的发展过程中，大众消费观出现与之对应的心理 / 行为转型，由此，三浦展提出一种“第四消费时代”的概念。具体来看，其形态初现于 20 世纪 80 年代前期，“‘从需要到想要’这一说法在市场营销界频繁出现……指从必要到想要的转化。换言之，也就是人们的消费对象从生活必需品变为非必需的、让人感到开心的商品，也可以说是‘从必需品变为必欲品’”。[①]

① [日]三浦展：第四消费时代[M]. 马奈译，北京：东方出版社，2014：72.

当时，在技术发展和游戏需求等多重因素不断刺激和催生下，电子游戏逐渐发展为能够在收入 / 获利程度上，与电影业抗衡的、依托技术和媒介变革的一个娱乐产业。

与电影受众的多维属性不同，游戏主要集中于年轻人范围，年龄是影响受众对必需品的物质消费和必欲品的心智消费之间差异性生成的最核心要素。游戏受众满足于游戏带来的三重刺激：视觉刺激—感官刺激—心理刺激，这三重刺激由浅入深地指向游戏的心智消费属性。可以说游戏对人类产生叠加影响的核心，就在于不断渗透的刺激力度，浅层 / 深层、弱刺激 / 强刺激交替出现，其外化形态则可能与胜利带来的“至高无上”的快感相对应。

也正因电子游戏从 20 世纪 80 年代之后开始飞速发展，导致当时处于儿童阶段的游戏少年（70 后、80 后）接受刺激并形成某种惯常态之后，由于生理不可逆因素，虽当下步入中年期，却依然能保持某种游戏玩家的拥趸特质。我们可以理解为一种第四消费时代带来的“幸福感”，“通过相互贡献自己的创意、共同劳动、一起娱乐等共同活动本身来获得快乐。这是他们的价值观所在”。[①] 消费观念的转变促使群体化的娱乐形态将个体与个体之间、个体与群体之间的界线震碎重组，也为电竞群体对抗式游戏形态的出现奠定基础。

游戏核心：载体与竞技化

电竞的这种对抗性并非新鲜事物，简要回溯游戏载体形态的发展历程，电子游戏之前的早期游戏主要经历四个时期：

第一个时期——模拟游戏（Analog and lightbulb games）；

第二个时期——互动视觉游戏（Interactive visual games）；

第三个时期——计算机游戏（Digital computer games）；

第四个时期——街机游戏（Arcade games）。

模拟游戏主要是指 1947 年的阴极射线管娱乐装置（Cathode Ray Tube Amusement Device），也是模拟电路导弹模拟器游戏的原初形态和借助阴极射线管（CRT）形成互动电子游戏的雏形，体现出人类对于技术 / 游戏应用的强烈好奇心

① ［日］三浦展：第四消费时代 [M]. 马奈译，北京：东方出版社，2014：109.

（图 8–1）。

之后，互动视觉游戏诞生，其中最著名游戏当数 1952 年的 OXO（或称 Noughts and Crosses），也就是亚历山大 · 道格拉斯（AS Douglas）为英国的电子延迟存储自动计算器（EDSAC）创作的井字棋计算机游戏。有研究者称它为最早的电子游戏，然而它缺失实时活动和更新的属性，因此并不能以“电子”性著称（图 8–2）。

计算机游戏可谓电子游戏的前身，如 1969 年，UNIX 开发者肯 · 汤普逊（Ken Thompson）编写的电子游戏“星际旅行”（*Space Travel*），玩家可以模拟操作太空船飞行于二维太阳系，甚至可以在不同的行星、卫星表面着陆。但这款游戏最终并未实现商业化，导致其对未来电子游戏的演变发展没有起到任何影响。1971 年，诺兰·布什内尔（Nolan Bushnell）推出世界上首个投币式游戏机（俗称街机）游戏“电脑空间”（*Computer Space*），助力游戏从笨重的、

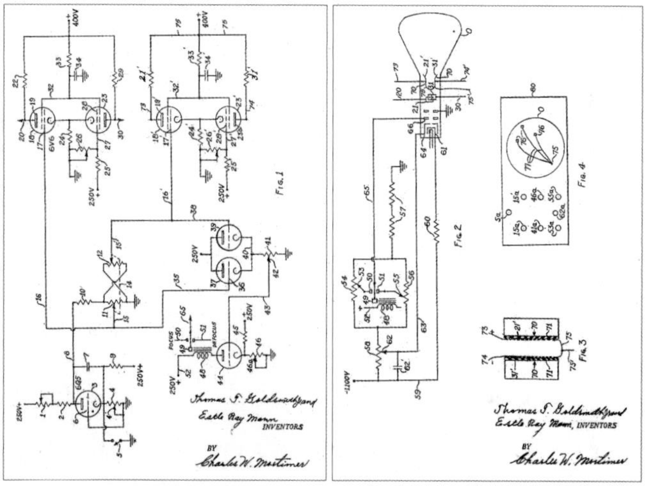

图 8–1　阴极射线管娱乐装置示意图

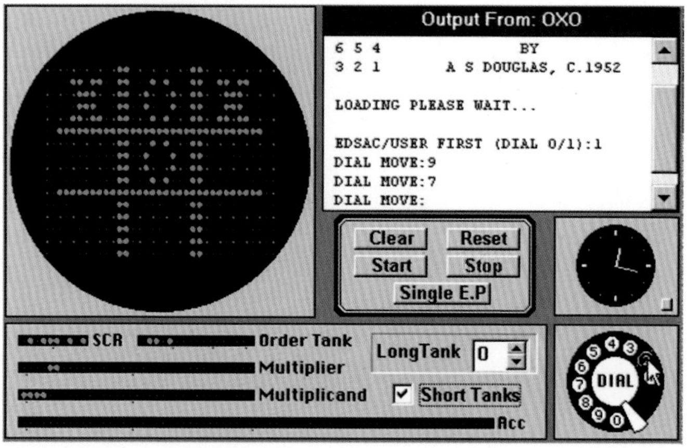

图 8–2　OXO 游戏示意图

庞大的实验室“器材”走向大众（图 8-3）。

当游戏能够在唾手可得的载体助力下，成为同样唾手可得的“消费品”之后，游戏公司的商业视角溢现，形成娱乐产业共向目标的两条路径：其一，适用于唾手可得的载体的游戏内容开发；其二，继续完善载体体积、重量和便携性等硬性指标与玩家的对应，载体朝某种“义肢”态势层面发展。比如任天堂游戏公司在 1983 年推出家用游戏机 Family Computer（俗称“红白机”）之后，又连续推出 Color TV-Game、Family Computer、SFC、任天堂 64、Game Cube、Wii、Wii U 等家用游戏机，以及 Game & Watch、Game Boy、Game Boy Advance、任天堂 DS 系列、任天堂 3DS 系列等掌上游戏机。2017 年，拥有可拆卸控制器和可分离式主机的便携式家用游戏机任天堂 Switch 的诞生，标志着家用 / 掌上的合一，游戏载体逐渐适应新媒介生存的新玩家（图 8-4）。自 1983 年红白机发售起至 2018 年初，任天堂已在全球售出超过 45 亿份游戏软件，超过 7.2 亿台游戏主机（包括家用游戏机和掌上游戏机）。[①]

图 8-3 《电脑空间》游戏传单

图 8-4 任天堂 Switch 游戏机

① [日]任天堂，ゲーム専用机贩売実绩，2018-9-30，https://www.nintendo.co.jp/ir/finance/hard_soft/index.html。

同时，游戏内容细分为多重类型，如冒险游戏（AVG；Adventure Game）、格斗游戏（FTG，Fighting Game）、射击游戏（STG，Shooting Game）、角色扮演游戏（RPG，Role Playing Game）等，玩家借助载体实现游戏化生存的局面已经到来。

上述游戏载体和内容的发展历程，凸显出玩家在游戏时有一种自发的、潜意识的呈伴生状态的对抗性偏好。需注意，这种对抗性一般表现为直接对抗和间接对抗两种游戏模式，前者属于强视觉刺激，较易理解；以养成类为主的后者则体现出比视觉刺激更深层的心理刺激，即玩家与玩家之间由“养成”过程诱发的心理对抗。电子游戏的直接 / 间接对抗性特质与上文所述的群体游戏拥趸相对应，因此，电竞的出现也实属意料之中。

我国电竞行业起步虽晚于西方多年，但发展迅速。从发展过程来看，其原点为萌发于 1998 年暴雪公司（Blizzard Entertainment）发布的即时战略游戏“星际争霸”（*Star Craft*），但此阶段的电竞仍以单机游戏的对战形式呈现，直到 2003 年 11 月 18 日，电竞正式被列为国家体育总局承认的第 99 个正式体育项目[①]，才为其贴上竞技体育的身份标签。然而，也正因为该标签的体育属性，引发受众的质疑：电竞，是体育吗？

另据腾讯科技统计，目前全球约有 1.91 亿人在观看电子竞技比赛。调研公司 Newzoo BV 预测，2019 年，电竞行业来自企业赞助、媒体版权、门票和其他方面的收入将达到 10 亿美元。以我国电竞为例，2018 年 11 月 3 日，IG 电子竞技俱乐部帮助 LPL[②] 战队获得历史上首次 S 系列赛总决赛冠军（图 8–5），引发了一场电竞受众的网络狂欢，也引发更广泛的非电竞受众新一轮热议：电竞究竟是游戏还是体育？游戏能否成为竞技体育的一种形态？抑或，电竞是一种新形态？

可见，对电竞的质疑主要集中于“电竞”“游戏”“体育”这三个关键词组成的闭环。

从上文所述游戏载体的发展过程不难看出，载体与技术之间势必存在紧密关联，商家和设计者着力打造更适合、更能满足玩家游戏心理的游戏载体；游戏内

① 现已更名为第 78 项体育运动。

② 由腾讯游戏等机构主办的英雄联盟职业联赛，为大陆赛区通往全球总决赛的唯一渠道。

图 8-5 IG电竞俱乐部夺冠

容也呈现出可玩、可感、可消费以及可对抗的共向特征。因此，对于当下绝大多数受众而言，电竞是游戏的组成部分，是技术和游戏发展到一定阶段的必然产物的观点似乎易于接受。进一步来看，当下游戏从业者对载体的关注凸显技术对游戏形态和内容的深度影响，载体的多元化成为当下游戏玩家和更广泛受众的普遍共识，多平台打通业已成为游戏行业发展的一大趋势，为电竞的跨界、交叉发展奠定了行业基础。

但亚运会电竞项目的出现，打破了受众对电竞归属游戏类目的认知，电竞不再以游戏的子形态、子类型公之于众，转而逐渐成为具有独特性的“体育 + 游戏”跨界联动的产物。就体育所需的身体素质要素而言，电竞内容虽为某项游戏，但电竞需要团队协作、时间控制等多方主客观条件的联动，运动机械设备的手指速度成为最重要的身体核心要素。

因此，我们在理解电竞的归属问题时，需打破经验主义的桎梏，从对新生事物的特点、角度出发，厘清真正的关注点。对于从业者而言，面对当下电竞内容的同质化和限定性，其视角应更多放在制作更有意义的内容、设计更具“义肢”性的载体上，而不是过度聚焦竞技、游戏等形式。对于受众来说，面对新游戏时代的到来，接纳游戏 / 电竞 / 体育的多维共生性是思维认知转型的前提。

电竞行业、内容指涉与文化共享

电竞产业的"黏"性布局

根据艾瑞咨询发布的《2018年中国电竞行业研究报告》[①]，2017年以来，资本大量涌入电竞产业链的上游地带，LPL联盟化改革、鸟巢举办S级赛事等都将"电竞"推为流行热词。从内容维度来看，2018年火爆的"王者荣耀""绝地求生"，为玩家提供某种基于"拟态"（Pseudo-enviroment）暗示和极富诱导性（视听语言、玩家身份、人设权力等）的生存场域，游戏意义逐渐被对抗性的团队协作消解，电竞意义凸显。

首先，腾讯游戏"王者荣耀"为MOBA（Multiplayer Online Battle Arena；多人在线战术竞技游戏）类手机端游戏，玩家之间可进行一对一、多对多的个体/群体对战，模式包含冒险和闯关等，其海外版Arena of Valor被称为"世界上最受欢迎的游戏"（图8-6）。

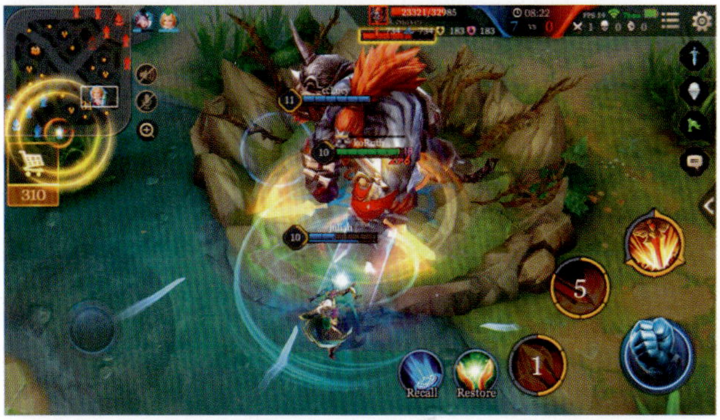

图8-6 "王者荣耀"海外版游戏示意图

IGN表示："这款游戏在iPhone上的触摸控制器表现很好，技能按钮变成了一个操纵杆，可以让你瞄准敌人。一场比赛只有短短的10—15分钟，但是游戏过程十分完整……还可以进行文本和语音聊天。"[②]

其次，2017年11月，腾讯与PUBG公司达成战略合作，获得"绝地求生"（*Playerunknown's Battlegrounds*）中国独家代理运营权。作为一款战术竞技类游戏，"绝地求生"将游戏场域设置在一个"封闭"的小岛上，多人对战模式中不

① 艾瑞咨询，《2018年中国电竞行业研究报告》，2018-1，http://report.iresearch.cn/wx/report.aspx?id=3147.

② 游民星空，《王者荣耀》登陆北美 外媒：世界上最受欢迎的游戏，2017-12-19，http://inews.ifeng.com/54301342/news.shtml?srctag=pc2m.

图 8-7 “绝地求生”游戏示意图

乏娱乐性和观赏性（图 8-7）。

当上述两款游戏低门槛、娱乐化的双重特质被不断发酵、迅速火爆之后，“荒野行动”“代号：Alive”“小米枪战”“全民枪战 2 生存竞技”等多公司、多平台相似类型和内容的游戏频出，致使作为电竞基础特质的“对抗”影响力和稳固度凸显。艾瑞咨询统计，2017 年，超 70% 的用户为“绝地求生”升级电脑，超 79% 的用户观看游戏直播，超 50% 的用户观看游戏赛事。因此，对业界和学界而言，均无法忽视游戏对人类的重要性——即现实生存、精神生存、虚拟生存等有关于生存状态的进化需求，游戏—体育—电竞与这种需求对应，制造胜利带来的可生存的史诗感，是能够“黏”住广大玩家，并在更广范围发酵的关键。“黏”性是抓住受众的核心要素，如何制造“黏”性？内容最为重要。

内容制作的思路、价值与策略

从上文列举的电竞内容来看，目前内容的垂直度和模仿度较高，内容背景则呈现出以下两个主要制作思路：

融合历史因素，如“王者荣耀”人设与历史原型之间的关联。

非历史性的生存态，如“绝地求生”更注重虚拟场域的个体 / 群体生存。

就目前基于上述两种制作思路的游戏而言，前者“王者荣耀”因其篡改历史人物而遭受质疑，虽然游戏人设只是借用历史人物，但对业已符号化的历史人物

图 8-8 “战神”系列游戏示意图

进行游戏化重构时，是否需要尊崇历史？这一点也为游戏制作者敲响警钟。后者“绝地求生”虽不涉及历史、文化问题，但较多的相似题材很可能造成玩家在面对多元选择时所做的更深层思考：比如游戏化生存中是否需要一个完美的故事架构？游戏生存的意义是什么？所以在游戏中强化传统 / 流行文化的价值输出尤为必要，对当下新游戏时代的蓝海创业带来的新一轮挑战。

回溯游戏与人类的本质关联，弗里德里希·威廉·尼采（Friedrich Wilhelm Nietzsche）认为，游戏“以本体论的方式呈现为人的生存境域：生成的游戏使世界向审美的人敞开，解释的游戏使人参与对世界的审美（或修辞）赋形，永恒轮回的游戏揭示了创造与虚无、喜剧与悲剧同一的人类命运”。[①] 虽然尼采将游戏上升为某种哲学意义，但就目前可见、可玩的电子游戏内容而言，“生成的游戏”“解释的游戏”均与“王者荣耀”“绝地求生”等带来的参与感正相关，玩家已突破真实与虚拟的界限，能够以建设者的身份成为虚拟世界的主人公，游戏由制作者“生成”，由玩家“解释”。“永恒轮回的游戏”则体现出更直指内心精神领域的哲学式强力撞击——叙事建构、视听语言等类电影的游戏内容建构，比如索尼电子娱乐“战神”（*God of War*）系列，属于第三人称单机单人动作冒险电子游戏。玩

① 谭善明：论尼采的“游戏”美学 [J]. 湖南科技大学学报，2014(5)：64.

家基于希腊神话背景，以斯巴达人奎托斯（Kratos）为游戏主视角，最终完成玩家对古希腊神话故事的游戏化重构（图 8–8）。

“战神”系列获得一致好评，美国有线电视新闻网称它“是让你记住为什么要玩游戏的游戏类型”。其内容并未满足于对希腊神话的游戏化解读，更在系列游戏中植入北欧神话，当奎托斯面对诸多北欧神（Norse gods）时，玩家也增强对北欧神话的深度认知，凸显游戏制作者对神话原型的专业认知能力。反观国内“王者荣耀”，虽以文化植入游戏布局呈现游戏效果，但人设李白为刺客、扁鹊为用毒高手，甚至转换荆轲性别等设置，招致《人民日报》等主流媒体的批判。“战神”系列的成功，为我们带来三点制作策略启发：

一是对于游戏从业者来说，选择家喻户晓的 IP 作为游戏背景无可厚非，但要把控好文化植入的“度”，过度篡改将削弱原生 IP 影响力的稳定性。

二是从业者需对可供改编和延伸的历史 IP，具有专业化认知，在合理、有序的范围内进行游戏化、市场化拓延。

三是注重传统文化与年轻群体的相互关联，增强游戏内容文化传承和文化输出的责任感。

或许“战神”与“王者荣耀”案例仅为诸多游戏中的一部分，但所引发的社会热议和重视程度，足以反映出当下游戏制作内容影响广大受众尤其是年轻受众的波及力度，游戏以及竞技化的电竞，都将成为与年轻受众媒介化生存样态关联最为紧密的娱乐产业形态之一。

受众认知、聚类群体与发展策略

电竞受众群体画像

无论是电竞参与者，还是更广泛的游戏受众，都视娱乐性和市场性为其心理 / 行为溢现的主要表征，作为游戏内容生产者的制作者，理应对广大玩家受众进行积极有效的分析，不断挖掘生成新游戏内容的灵感刺激。

鉴于直接关联电竞理论和相关研究的缺失，本文借助“问卷星”调查工具，对电竞受众群体进行画像，旨在建构电竞现象隐匿的、必要的质性分析基础。样本以微信形式传播，以回收 74 份有效样本为例。虽然本问卷内容和样本比例并未覆盖全部的电竞受众，但足以展示当下电竞爱好者和参与者对这一新生事物的普遍看法，借助数据分析为制作者提供更深入、更直观的思路借鉴。

首先来看年龄（表 8-1），按照 15—20 岁、21—25 岁、26—30 岁、31—35 岁、36—40 岁、40 岁以上几个层级进行划分，其中 21—25 岁有 30 人，占比 40.54%，显示与业界现状对应的年轻化倾向（注：艾瑞咨询《2018 年中国电竞行业研究报告》显示 19—24 岁的单身男性受众居多）。而 30—35 岁显示 17 人，多于 15—20 岁的 12 人，一方面体现出上文所展示的 20 世纪 80 年代以来电子游戏发展的伴生性，也指出电竞受众的消费观念和消费潜力对成为游戏拥趸的深度影响，即表明一种结果，只有财务自由的受众才能成为电竞受众的核心玩家。

表 8-1　电竞受众年龄调查结果（74 个样本）

选项	小计	比例
15—20 岁	12	16.22%
21—25 岁	30	40.54%
26—30 岁	8	10.81%
30—35 岁	17	22.97%
35—40 岁	3	4.05%
40 岁以上	4	5.41%
本题有效填写人次	74	

其次，性别显示男女比例为 47∶27，显示出明显的男性化倾向，这就不难理解为何“王者荣耀”“绝地求生”等高度重合男性视角和偏好的游戏内容能够占据主流。

针对“喜爱的游戏名称”这一填空题，按照关键字分析，“王者荣耀”“DOTA”“魔兽世界”“英雄联盟”分列前四，体现出与男性玩家对应的内容特色。值得注意的是，就“你最喜欢的游戏载体”这一多选题，选择单机、手游占比较多，电竞虽然占比 41.89%（多选题选项百分比＝该选项被选择次数 ÷ 有效答卷份数），但只能排在第三位，这一题的结果与本问卷中的问题“你满足于现在的电竞 / 游戏内容吗？”“你认为我们现在对电竞的关注度，是应该放在电竞是不是游戏的形式问题上，还是电竞内容如何制作上？”对应，凸显受众对游戏多元选择的表征，也提示当下电竞有限影响力表征隐匿的无限拓展潜力（表 8–2）。

表 8–2　电竞受众最喜欢的游戏载体调查结果（74 个样本）

选项	小计	比例
单机	40	54.05%
手游	41	55.41%
网游	29	39.19%
电竞	31	41.89%
其他	6	8.11%
本题有效填写人次	74	

换句话说，当今游戏的载体促使受众朝更细分的方向演变，无论是否成为电竞选手，其基于“游戏”这一内核主体不变，也就表明载体的意义不变，即载体成为媒介载体和游戏载体的双重属性不变。手游、网游、电竞都具有联网的同向性。同时，以 PlayStation 为主的单机游戏，也出现联网的趋势。2018 年 9 月，索尼 PlayStation 全球工作室主席肖恩·雷登（Shawn Rhoden）指出：“我们知道很多人都想要跨平台联机，我们也想用最好的方式来实现这一点。我们现在支持跨平台绝不是突然改变主意。这是一个多元化特性，所以我们得从技术角度好好考虑，还得从商业角度加以审视。我们得确认，如果这样做了，是不是真的给用户提供了支持，是不是传递了正确的信息。”[①] 由此，上文提及的“战神”与电竞之间似乎存在某种直接的转化可能，“怎么玩”的载体意义也随之演变为更注重人为参与身份的“谁来玩”的受众意义。

更进一步来看，共有 23 个有效样本提及“玩什么”的内容维度，以及增加游戏平衡性的专业建议。“平衡性”显示出专业玩家在操作过程中的“有意义选择”（Meaningful Choice）。也就是说，“如果一个游戏中，玩家在对抗时做出的选

① 游侠网，PS4 开始支持游戏跨平台联机 官方表示其实早有此意，2018-9-30，https://m.baidu.com/mip/c/s/mip.ali213.net/news/html/385179.html.

择都有意义，那么可以认为这算是一个平衡的游戏”。[①] 社交游戏公司 Zynga 前首席设计师布里斯 · 莫里森（Brice Morrison）指出，平衡性包含四个部分：存在感（Awareness）、玩法上的结果联系（Gameplay Consequences）、提醒（Reminders）和永久性（Permanence），指向“选择”之后所承担的一切发展趋向。因此，对于专业玩家、电竞选手而言，“平衡性”虽自主把控，但游戏内容制作者对“平衡性”设计的重视，将有效提升玩家的舒适度，诸如对抗、竞技的更深层快感。内容制作者还需注意的是，与影视创作不同，与“平衡性”对应的游戏中人设都是“主角”，呈现某种去“配角”化的指征，玩家选择谁，谁就是这个游戏的主角。

本部分以样本受众反馈为例，指出年轻群体的重要性和核心性，以及专业需求对内容制作策略的更深层启发。就更细分的“高龄”/“低龄”受众而言，内容制作者需重视其差异化的特质，指向更为精准的制作趋势。

“高龄”与“低龄”的分众趋势

艾瑞咨询预测，电竞未来的主场化和联盟化将成为主流，赛事体系将进一步升级，并在各个地方城市落地主场场馆。这一举措，势必激活更多城市的玩家加入电竞行业。从游戏玩家到电竞选手，受众的分众化转型业已出现。

一方面，本文提及业已步入中年的“高龄”受众依然以游戏拥趸的姿态保有自己对必欲品消费的“幸福感”。因此，无论电竞还是其他游戏形态，理应为“高龄”参与者群体提供具有某种专业性的情怀式游戏内容体验，挖掘“高龄”者的传播潜力。

另一方面，针对“低龄”群体，制作者需注重引导“低龄”者的参与动机，规避类似“王者荣耀”的异议，从正向视角出发，将传统与现代、神话与游戏等常见模式进行“文以载道”式的融合，实现内容维度对青少年娱乐心理和行为的引导力度，为更多潜在的“泛”群体提供优质内容。

---

① [美]Brice Morrison, Meaningful Choice in Games: Practical Guide & Case Studies, 2013-11-19, http://www.gamasutra.com/blogs/BriceMorrison/20131119/204733/Meaningful_Choice_in_Games_Practical_Guide__Case_Studies.php.

结 语

综上所述，人类对游戏的偏爱可谓与生俱来，伴随好奇心和技术变革产生当下如火如荼的电竞行业，呈现一种传统游戏行业的衍生态。这一越发受到关注的新事物的衍生性，不仅与竞技体育带来的参赛选手 / 观众的双重竞技心理感知之间存在明显的相似程度，也涉及更多潜在的跨构领域（周边产品、电竞广告、电竞场地建设等），但覆盖面之广、市场反馈之多并不能弱化或取代优质内容制作的核心意义。因此在充分认知“黏”性群体与“泛”群体之后，制作者需主动将视角转向对市场的主导力，用更适合时代发展、文化传播和正向娱乐的多元内容影响受众，避免跟风效应和过度改编，最终切实拓展新游戏时代业界电竞市场品质和学界电竞研究趋向的新蓝海。

第三节　以视听新媒体受众为介质的交叉学科研究

▼ 视听新媒体受众需求的发展趋势与应对策略①

【摘要】近年，我国视听新媒体发展趋向“融合发展”和“产业模式创新”，受众作为两者共生发展的核心目标，对整个行业道路方向产生极大影响。本文基于上述背景，阐释与传统视听内容不同的视听新媒体“制作–产品–用户”转向，从行为和心理层面厘清受众需求发展现状及趋势，提出面向未来该行业发展的可行性应对策略。

【关键词】视听新媒体　行为需求　心理需求　应对策略

从传统视听内容到视听新媒体转变

随着互联网技术的发展，以视听为表现形态的各种终端设备成为影响受众行为和心理的“义肢”，形成常态化、产业化的发展现状。由此引申出视听新媒体内容，表现为依托新媒体设备产生和传播的、具有影视艺术某些特点、可供上传

① 本文引自本书作者谢辛撰写文章，全文发表于《艺术科技》，2016 年第 9 期。

下载的视听产品，因其互联网技术的载体特质，致使传统视听内容的创作和观众的样态发生转变。

从创作到制作

互联网时代的连接属性决定人与人之间、人与物之间形成更为互通的关系，视听内容通过点击、评论和分享等行为变现，作品已不再满足传统创作艺术的初衷，而指向产业化、市场化引导下的内容产品。随着作品转向产品的过程，创作也转向制作。在变现与价值合一的时代，制作产品需要与不断多元的受众需求相契合。数字传播技术、互联网、移动电话等媒介形态成为制作载体，受众依赖并受控其中。

从观者到用户

传统视听内容观者转变为互联网用户。人们进行交互、体验，进而实现自我行为与心理的参与，产品由此得到更加精准和分众的定位，满足较为准确的社会价值和市场价值。这是一个从共享到分众传播的过程，用户对视听新媒体产品进行自主分类，形成具有多个分众用户聚合特点的社交网络形态。

视听新媒体内容制作与用户的转向，业已成为当下及未来该行业发展过程中两个极为重要的因素，与传统创作和观者之间相对割裂的关系不同，制作者和用户距离拉近，更可能合一。受众需求不再集中于被动接受层面，而指涉更具有主控性和话语权的层面，未来满足受众需求的产品，也就是满足制作者的初衷。

视听新媒体受众需求的发展现状及趋势

“制作—产品—用户”三者关系成为当下视听新媒体内容的三大板块。媒介技术和信息发展导致媒介消费的出现，与绵延几十年的消费文化组合，形成具有时代特色的媒介消费文化，受众行为和心理需求变得越发重要。

受众的行为需求

“行为”是视听新媒体语境的重要特质，也可置换为参与、体验、体感等词汇。当视听内容制作者、传播者和受众之间的距离越来越近，呈现出越来越亲密的表象时，我们会看到媒体与媒体之间、媒体与技术之间、人与人之间等产生的交互可能性，以及它们带来的更多想象空间和灵感。

就视听新媒体内容制作、产业化发展及传播等分工而言，在未来一段时间内可能表现为人的全面参与、制作者和用户的参与、身体和精神的参与、身体和技术结合的参与……随着视听新媒体之“新”的发展，我们在厌倦和好奇中不断循环往复的时候，会自主借助机器完成从拍摄视听作品、提高自我修养到改造自身的转变。

当下受众主体作用凸显，不仅是行为的参与，思维也得到广泛和开放的实践，影响受众思维的因素逐渐缩小，最终回归自我。例如在视听新媒体内容制作中，制作者借助一个具有传统文化意义的IP，结局开放式，由受众完成。我们可以通过不同的结局看到不同的思维呈现，也可以在观看过程中引发二次想象，由此拓延深层的、超越结局的、直至内心最根本的感触。进而利用移动终端将这种感触在分众用户聚合圈内传递出去，形成认同感，激发更深层的想象。这是一个发挥传播主体性的、循环上升的过程。

可见，行为是一种力量，催生我们不断向前和位移。身体的运动，思维的运动，会在过程中形成无数个“小我”观念，以共性、相似性等组成聚合的用户形态，再组成我们所谓的“大我”，也就是多元化和全球化的视听新媒体传播形态。

受众的心理需求

行为倾向于我们的身体和意识层面，在传播过程中也需要心理行为的参与。视听新媒体语境的实现需要人与人之间的传播，其中很重要的环节就是心理，外化为语言、表情等符号化指征。以语言为例，在高度互联的当今世界，我们的语言已经不再是传统意义的中文、英文等文化概念的区别，而是产生语言内部的分化，包括类型分化、文化分化等，这些都与新媒体时代观者到用户发展的趋势正相关。

而视听新媒体内容传播的初衷在于将信息传递出去，不可避免会带有各种个人化的影响因素，如何平衡他者传播与内心选择，作为传播主体的用户需要有自己的分辨能力。罗伊·阿斯科特的建议值得思考，他说：“每个人从他自己假定的人物立场出发，形成一个复杂、完全非线性的文本，他的创造需要广泛的参与，网络的每一个‘节点’构成中心或分支网络，许多情况下延展到分布于局部区域周围的艺术家和作者本人。”①

① [英]罗伊·阿斯科特.未来就是现在：艺术，技术与意识[M].北京：金城出版社，2012：144.

不难看出，受众的心理发生转变的重要根源在于媒介的可操作性和信息的可选择性增加。在人人皆可为的时代，我们应思考：如何应对受众的多元需求？如何精准定位需求，从而引导需求？

未来视听新媒体受众需求的应对策略

“媒介研究的取向必须是广义的、集体确定的需求，这样的需求产生了特色鲜明的媒介文化。”[①] 受众的媒介需求影响视听新媒体及其指涉的媒介文化发展方向，应对措施亟待思考。

牢控新时期话语主动权，树立精品意识

虽然当前受众获得更多话语权，但如何引导正能量和文化自觉、文化自信的向度，是需要解决的问题。牢控话语主动权很可能是未来视听新媒体内容能够实现质量 / 数量双保险的武器。“网络视听节目制作机构和创作者要增强精品意识，加大投入，下大力气，努力推出一批无愧于民族和时代的优秀网络视听作品。”[②]

借鉴“文以载道”的“影像载道”，保护原创和文化传承

“文以载道”在现代社会逐渐消解，当下高票房、低口碑的庞大影片数量和市场证明视听内容在当下迫切需要“载道”。新时期制作者需考虑如何将情怀与“道”结合，制作出便于用户传播的视听新媒体产品，实现“影像载道”的寓教于乐功能。

在传统 / 现代结合的过程中，需加大保护原创和文化传承的力度，促进 IP 尤其是本土 IP 的有效孵化，借助互联网平台，制作具有文化自信和文化情怀的视听产品。

适应泛娱乐时代需求，打造娱乐与价值合一的视听产品

视听新媒体具有产品的特性及市场化需求，使其离不开娱乐，但对娱乐的态度应是适度的，我们没必要在泛娱乐时代继续强化这一概念，转而应将视角投放于越来越被忽视的传统文化层面上，实现娱乐泛文化发展。如何制作有价值的产

---

① [英]尼克·库尔德利 . 媒介、社会与世界：社会理论与数字媒介实践 [M]. 上海：复旦大学出版社，2014：181.

② 国家新闻出版广电总局发展研究中心 . 中国视听新媒体发展报告 [M]. 北京：社会科学文献出版社，2015：25.

品？如何让人从中获得感悟？如何形成自主自发的传播？甚至如何与娱乐结合，形成易于接受的类型。这些问题都是亟待解决的。视听新媒体产品的艺术属性和产品属性并不矛盾，如果创作内容指涉的是晦涩难懂却又必须加以传播的某种文化哲学意义，就需要结合娱乐话语，以轻松、幽默、自然的视听内容形态呈现出来。

综上所述，视听新媒体作为互联网时代与传统视听内容结合的产物，业已成为我们生活的一部分。受众的行为和心理将对该行业未来发展走向产生极大影响，认识并把控看似繁杂的需求，紧抓变现和价值的双内核，将会有效促进视听新媒体行业的快速、良性运转。

第四节　基于影像技术发展的受众研究

▼ AI 补帧技术的影像化应用探析 ①

【摘要】作为新媒体时代一种重要的技术手段，AI（Artificial Intelligence）在电影制作行业开拓疆域，针对影像帧率（Fps，Frame per Second）对观影效果的影响等问题进行有针对性的技术解决。AI 补帧成为时下热议的技术手段，以其现实性和前瞻性影响电影制作业界与学界的研究趋向。基于此技术的不断发展，本文将对补帧与 AI 补帧的技术特点、技术优劣与技术应用等维度进行阐释，以期为人工智能技术对电影制作领域更深入的对位和创新拓展提供思路。

【关键词】帧　AI 补帧　影像化　深度学习　应用研究

中国分类号：J916.2

AI 补帧技术分析

伴随媒介技术与影像制作技术的发展，人们对于真实度的体验已经常态化，不仅期待看到流畅、平缓和逼真的视听作品，对既往帧率较低的影像作品视效，

① 本文来自本书作者谢辛撰写文章，全文发表于《现代电影技术》，2020 年第 8 期。

也产生某种新的需求：是否能够借助 AI 技术，完成对较低帧率的弥补，从而实现帧率与视效更完美的匹配？

帧与补帧

帧（Frame），是影响影片流畅度的关键。在电影正式诞生之前，一些科学家和研究者已经对视觉与心理的关系产生兴趣。皮特·马克·罗葛特（Peter Mark Roget）在其论文《通过垂直孔看到车轮轮辐时光学欺骗现象的解释》（*Explanation of an Optical Deception in the Appearance of the Spokes of a Wheel When Seen Through Vertical Apertures*，1824）中首次提出视觉暂留（Persistence of Vision）概念，为电影拍摄与放映的帧速率提供理论依据。从人眼生理角度来看，“由于人类眼睛的特殊生理结构，如果所看画面之帧率高于每秒约 10 至 12 帧的时候，就会认为是连贯的”。[①] 但因为当时拍摄所用胶片成本限制等原因，导致拍摄与放映的帧速率直到电影从无声进入有声时期之后，才统一定为我们熟知的标准——24fps。

如今，帧已经成为电影制作与观看环节常态化的技术指标，帧速率的不断变化，体现出技术发展与观影效果的革新。更高的帧速率，对应更好的视觉持久性，这一点毋庸置疑。

为何要进行补帧的尝试？答案似乎与人们对真实性不断追求的心理认知有直接的关联。无论创作者还是观影者，都希望能够借助更高的帧速率观看到更逼真、自然和流畅的画面。因此，或将促使电影能够在相对完美的视效中更好地去完成故事讲述，实现叙事与视听语言更好的配合。可以说，从“真”到“帧”，成为人们需求与实践的焦点，也促使补帧技术逐渐成为现实。

补帧技术的发展

补帧的目的在于将未能拍摄记录或丢失的动作补上，从而实现物体运动的顺滑流畅。技术研发者曾借助 AMD、SVP（Smooth Video Project）、光流法渲染及电视 MEMC 补帧芯片等计算画面中像素的运动轨迹，以插帧的方式获得补帧效果，

① Read, Paul; Meyer, Mark-Paul; Gamma Group. *Restoration of motion picture film*[M].Conservation and Museology. Butterworth-Heinemann. 2000: 24–26.

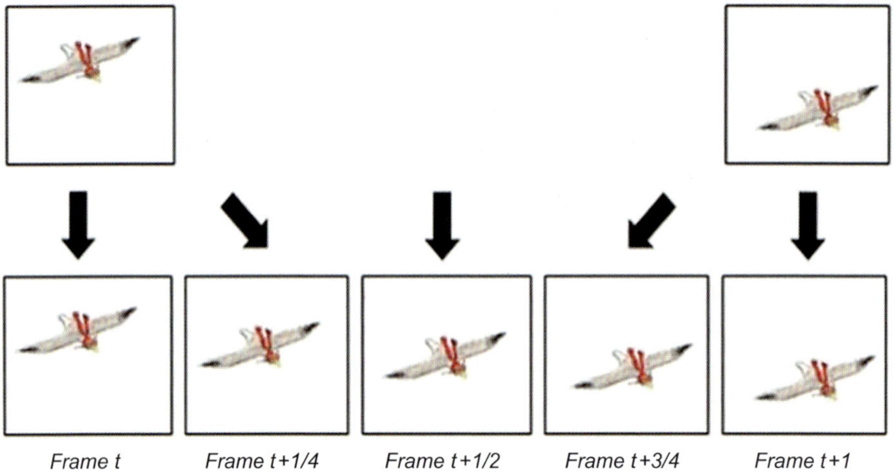

图 8-9　补帧示意图（来自 theappliancesreviews.com）

使画面更加流畅和顺滑。如图 8-9 所示，假设补帧区间对应影片前后帧为 Frame T、Frame T+1，区间内补帧的画面均根据不同帧速率的需求进行补帧，从而完成从 Frame T 到 Frame T+1 更好的流畅度。

然而，传统的补帧方法普遍存在一种局限：针对平面物体的补帧，相对有效。原因在于其计算的点位较为简单，通俗地说，即为在对二点进行比较之后，取中间点进行关联性补帧。因此，面对影像中越来越复杂的动态物体的出现，比如前方有遮挡的跳跃动作或带转体的跳跃动作发生时，Frame T+1 将呈现出与 Frame T 相异的新元素，而不再是 Frame T 二维跳跃动作的连续，此时传统补帧的计算能力就无法满足最终效果的实现。更符合电影技术不断发展的补帧新技术的开发，迫在眉睫。

AI 补帧技术应用

当补帧需求与补帧技术之间出现不对等时，人们潜意识中的研习欲望逐渐促使该技术的应用尽快落地。同时，伴随 AI 智能技术的发展，AI 深度学习为补帧提供思路，并形成 AI 补帧对于慢动作影像的应用。

2018 年，NVIDIA 与美国马萨诸塞州大学和加利福尼亚大学的研究人员，共同开发出基于深度学习系统的路径，它能够将标准视频转换为慢动作，同时又不丢失视频本身的流畅度。研究人员指出："人的一生中有许多难忘的时刻，你可能想用慢动作镜头记录下来，因为它们很难用眼睛清晰地看到：婴儿第一次走路，一个艰难完成的滑板技巧，一只狗被球击中……虽然可以用手机拍摄每秒 240 帧的视频，但以高帧速录制所有内容是不切实际的，因为它需要大容量内存，并且对移动设备的功耗很高。"[①] 基于上述视效呈现的期望，该团队借助 NVIDIA Tesla V100 GPUs 与 cuDNN-accelerated PyTorch 深度学习框架，以每秒 240 帧的速度拍摄 11000 多个日常生活视频和体育活动视频，为人工智能的卷积神经网络（CNN，Convolutional Neural Networks）提供深度学习的基石，进而借助这一高效识别方法预测额外帧（Extra Frames），最终完成慢动作补帧需求。值得一提的是，在 2015 年，Morpho 的フレーム補間技術（Frame Interpolation）出现。作为一种嵌入式软件程序，它能够借助对摄影机的运动预测，在连续图像帧之间自动生成中间图像，最终在 120fps 视频中生成 960fps 的极高帧率[②]。这些补帧技术的出现，足见人们在影像、视觉与帧之间的欲望值始终处于高位。

AI 以其深度学习的能力满足人们对于慢动作带来从"看不清"到"看得清"的视觉快感享受，更拓展了对全视觉享受追求的维度，因为它补的并不是单帧，而是经过对大量影像素材的深度学习之后所生成的"补帧的集合"。这一"集合"的好处在于，能够规避对动作流畅度造成影响的非典型性因素。仍以带转体的跳跃动作为例，AI 可以学习《黑天鹅》《芳华》等电影中的舞蹈动作，也可以学习体育比赛、游戏中的转体动作，当转体跳跃成为一种"集合"之后，在适当的影像中进行精准、对位的补帧，或成为 AI 深度学习的成果展示。

2020 年，上海交通大学开发新的插帧算法，即深度感知视频帧插值（DAIN，Depth-Aware Video Frame Interpolation），它促使补帧真正根植于"补"的价值最大化，不仅能够将 30fps 插帧至 480fps，更将补的"帧"指向了想象界，借助对深度变化的测量和估算，进行比以往补帧更进一步的遮挡检测（图 8-10）。有研

① Nvidia Developer.Transforming Standard Video Into Slow Motion with AI[EB/OL].https://news.developer.nvidia.com/transforming-standard-video-into-slow-motion-with-ai/, 2018-06-18.

② 该技术的视频网址为 https://player.youku.com/embed/XMTMyNTM3NjIxMg==

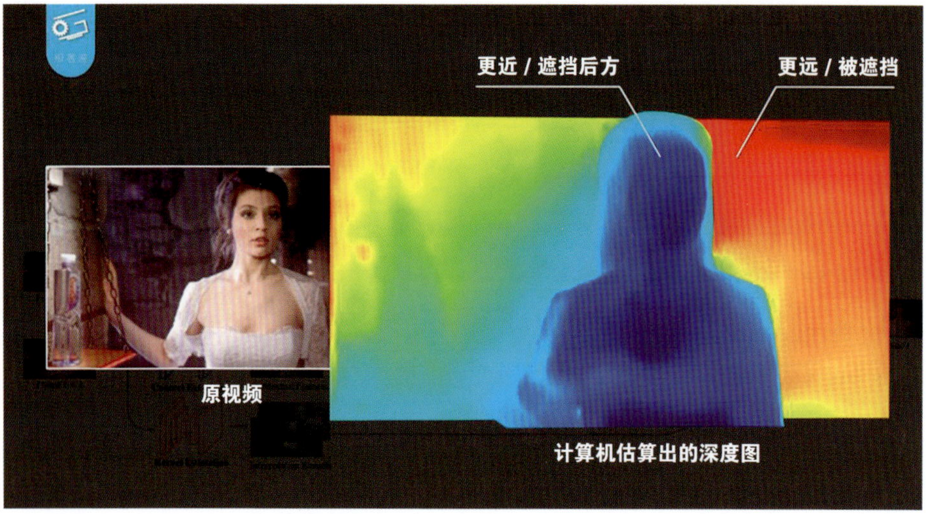

图 8-10 DAIN 补帧的自动识别景深示意图（来自极客湾）

究者称：“给定两个时刻的输入帧，先估计光流和深度图，然后使用建议的深度感知流投影层生成中间流……模型基于光流和局部插值内核对输入帧、深度图和上下文特征进行扭曲，合成输出帧。”① 该 App 更与视听新媒体发展对应，除了电影，可以广泛地插值新帧应用于动漫等领域。

虽然目前 DAIN 仍需使用支持 CUDA 的计算机，补帧的时长也可能耗损太久，对一些偏重艺术性、实验性而弱化逻辑关联的影片补帧也存在欠缺，但种种缺陷的出现一方面表明 AI 深度学习对于影像应用的前景十分广阔，同时也促使阿兰·麦席森·图灵（Alan Mathison Turing）对于机器能否思考的认知逐渐变成现实。这也成为人类在媒介化、智能化生存环境中不得不面对的现实。

AI 补帧影像化应用前景

从上文不难看出，对于深度学习补帧的尝试，只是刚刚开始。AI 补帧对视听新媒体时富有创新形态和多元内容的影像发展而言，势必成为一大利器，并激发受众更为广泛的好奇心，也冲击业界相关人员的工作现状。但无论如何，技术的发展由人类的欲望决定，机器深度学习的目标也更深入和广泛地指向更具有想象

① 量子位．让电影动漫统统变丝滑，480 帧也毫无卡顿，交大博士生开源插帧软件 DAIN[EB/OL]. https://finance.sina.cn/2020-01-28/detail-iihnzahk6716697.d.html，2020-01-28.

力的层面。

动漫、游戏的补帧实践

在 DAIN 出现之后，对于动漫创作者来说，之前可能每秒要画 12 张，如今只需要 8 张，即可借助补帧实现 24fps 的效果。但极客湾也指出，针对日本动漫，“24 帧 8 画的动漫比 8 帧实拍视频要更难补帧，因为动漫虽然 24 帧，但是不可能 1 秒 24 张画，好一点的 12 张，大多数是 8 张甚至更少。所以动漫补帧往往用在大场景上，人物的补帧很难流畅”。因此，对于当下和未来一段时间内使用 DAIN 补帧的用户而言，进行实拍影像的补帧或许更为可行。

值得一提的是，虽然与动漫同样受到年轻受众欢迎的游戏的流畅度主要依靠显卡，但在某个应用程序无法产生帧速率进而开始丢帧时，也出现对应的补帧方案。比如 2018 年，Steam VR 推出运动平滑（Motion Smoothing）功能，“它将根据最后两个帧来估计运动和动画，并推断一个新帧。合成新帧可以令当前应用程序保持全帧速率，并且避免抖动。这意味着玩家仍然能体验全帧速率（Vive 和 Vive Pro 为 90Hz），但应用程序只需要每 2 帧渲染 1 次，从而大大降低了性能要求”。[①]

36 氪与个推大数据调查显示，由于新冠疫情的影响，致使宅家的受众尤其是年轻群体对游戏依赖度较高，以手游为甚。由此，手机屏幕刷新率（对应帧速率）的硬件提升，以及智能化补帧或将被推为技术领域的焦点。比如 2020 年 3 月，OPPO 推出的 Find X2 Pro 系列手机具备视频动态插帧技术，可借助算法补帧将 30fps 的视频画面提升至 120fps，用户在观看爱奇艺、优酷、腾讯视频、Netflix 等合作视频平台的视听内容时，均能在手机终端享受舒适的流畅度。

老旧影像的 AI 补帧修复

补帧，似乎已成为与智能化、网络化生存的受众生活不可分割的一部分，其存在越来越趋于常态。进一步思考和挖掘补帧的功能性，我们会发现它不仅满足人们对于新生事物的好奇和欣喜，更可以将怀旧、传统与新技术结合，实现老旧影像的智能化传承。

---

① 映维网 .SteamVR 正式推出“运动平滑”补帧技术，实现高保真度 VR 游戏体验 [EB/OL].https://www.sohu.com/a/278246831_213766，2018-11-28.

2020 年 3 月，中国互联网络信息中心（CNNIC）发布最新《中国互联网络发展状况统计报告》：截至 2020 年 3 月，我国网民规模为 9.04 亿，50 岁及以上年龄群体占比 16.9%，中老年龄受众持续增加。这一方面取决于老龄社会的不断加剧，另一方面也说明新媒体与老年群体之间的“代沟”正在不断弥合，老年人适应新媒体时代发展的现实不容小觑。因此，作为创作者和技术开发者，针对庞大的、不断增幅的老龄受众，将他们喜爱的传统影像借助 AI 补帧的方式重新制作，或可打开某种有针对性的市场供需新局面。

诚然，在 AI 补帧的同时，还可以借助 Gigapixel AI 等增强程序对影像画面分辨率（Image resolution）做超分辨率处理。我们设想某个 480p 的老旧电影补到 1080p 之后，除了享受更真实、清晰和流畅的视觉愉悦，也能凸显某种与人文关怀正相关的情感，这或许正是人工智能深度学习的重要价值。

AI 影像应用前景预测

经过上文分析，我们发现 AI 补帧与影像之间的应用存在较好的前瞻性。面对诸多利好和技术带来的快感，我们更需对此进行反思和自省，力求在 AI 补帧的既有尝试中获得更多、更深层的拓展，并对其他硬软件技术的研发提供思路。

首先，需避免画面撕裂（Screen Tearing）等潜在问题。画面撕裂指的是显示器将多帧同时显示在一个画面上的情况（图 8-11）。如果原视频帧速率较低，动态画面又相对较多，则补至更高帧速率之后出现画面撕裂的可能性就越大。这就对显卡与屏幕更新率之间的对等性提出了更高的技术要求。

其次，AI 补帧可引发反向思维。如果说补帧是将缺失的帧补足，其反向则体现为减帧。比如与动态影像直接相关的帧间（Inter）压缩[①]，可以借助前后帧来推测该帧（待压缩帧）的数据值。帧间压缩能够减少本地磁盘占用空间，对借助流媒体观看视频内容的用户而言，能够在保证观影效果的前提下保证流畅度。抽帧则是在动漫中已经应用的一种技术手段，如图 8-12 所示，不同帧速率带来的视觉“流畅”感也不尽相同，但并非越高的帧率等同于“流畅”，尽可能避免失真，才是动态创作与技术应用之间达到平衡状态的理智选择。

① 与帧间压缩相关的帧内（Intra）压缩概念，更像是图片压缩，与该帧的前后帧无关。

图 8-11　画面撕裂示意图（来自 easypcmod.com）

图 8-12　动漫抽帧示意图（原图为 GIF，来自 zhihu.com）

再次，可以激发更多的智能想象。比如 2020 年 5 月，华盛顿大学和 Facebook 借助单目深度估算法，“只需要对视频中任意帧进行配对采样，就可以将这一过程扩展到整个视频，对单目视频中的所有像素进行几何一致的深度重建”①，从而实现单目视频（Monocular Videos）重建 3D 场景的尝试，如果引入电影领域，或可用于诸多难以实现的特效场景制作之中。

结 语

可见，本文所述的 AI 补帧仅是 AI 深度学习的一个展示方式，究竟学习的“深度”有多深？能对人类产生多大影响？我们拭目以待。但在机器深度学习的过程中，人类也应破除和规避某种由机器（比如手机终端）带来的疲态和惰性，更积极主动的、更沉浸的进行思考。因为学习之深度，本就取决于人类自身认知的不断进化。

第五节　依托哲学思维的文化与受众研究

▼“物”反应式满足：网生艺术的“函数”价值、气氛与收藏欲

【摘要】

法国后现代理论家鲍德里亚（Jean Baudrillard，1927—2007），始终将研究视野根植于时代、社会、媒介等生存环境的关系场域，尤其在早期理论代表作《物体系》（*The System of Objects*，1968）中提出一种由“物”反应式满足（The Satisfaction Reaction）体系支配的社会形态，人逐渐转为“受到物的包围”的“官能性的人”。伴随网络媒介技术对人类生存的深度影响，诸多艺术从架上、银幕走向网络，形成网生艺术新类型。本文主要基于《物体系》及相关理论，探讨当下网生艺术与人类发展的多维想象。

① 靓科技解读．我国女博士的“水浸饭堂”秘笈：单目视频复建三 d 情景，完全不违和 [EB/OL]. https://www.360kuai.com/pc/99b8d52a7e02f8030?cota=3&kuai_so=1&sign=360_57c3bbd1&refer_scene=so_1,2020-05-02.

【关键词】"物"　网生艺术　"函数"　气氛　反应式满足

"物"（Objects），是鲍德里亚（Jean Baudrillard，1929—2007）建构其"双螺旋"思想启动生衍地位的著作《物体系》的基石[①]。该作品撰写时间恰好处于"40岁是乌托邦主义者"时期[②]，凸显浓厚的、捉摸不定的想象性视阈。"我们生活在物的时代：我是说，我们根据它们的节奏和不断替代的现实而生活着。在以往的所有文明中，能够在一代一代人之后存在下来的是物，是经久不衰的工具或建筑物；而今天，看到物的产生、完善与消亡的却是我们自己。"[③] 鲍德里亚在后现代主义逐渐勃发时期的想象，与后现代"消解一切"的思想对应。然而，直到互联网时代来临，这种"消解"的心理与行为似乎才得以真正落地。同时，鲍德里亚指出"要成为消费的物，物首先要成为一个符号"等观点，将"物"从一到数形成"体系"（System），并为受众带来某种身份层级的"临在感"（Prégnance）。足见物体系的建立，与人类社会发展之间存在密不可分的关系。

当下，网络影视、短视频、网络直播、自媒体等新媒体艺术广受大众喜爱的视听产物，体现传统影像向网生艺术不断转型的落地，凸显影像与媒介交织的互联共生，此时以某种审慎的视角回溯鲍德里亚的早期理论，对鲍德里亚"函数"（Function）式的"失独—关联—聚合"理念与网生艺术比照进行阐释，借由互联网媒介时代"物"的"气氛"价值与对"物"的"收藏"欲望之间的"共时性"（Synchronique）/"惯时性"（Diachronique）重构，最终促使某种与"函数"聚合相悖的功能性解体带来的新"反应式满足"欲望落地，形成对鲍德里亚早期理论观点的现实性和前瞻性拓延。值得一提的是，鉴于与列斐伏尔（Henri Lefebvre）的师承关系，鲍德里亚理论又带有某种近乎天然的批判性。虽然其后期理论观点与早期理论存在一定的差异，但对消费时代"物"的符号价值指涉程度远超功能性的使用价值，因此对学界理解不断变革的网络新媒体时代诸多新技术、新现象、

① 鲍德里亚在访谈中谈及《物体系》"双螺旋"的隐喻性，"你不能说它意味着进步。我从来没有任何进步；我想所有的东西在起点处，就已经都在那儿了，之后只是发生有趣的调性变化"。

② ［法］让·鲍德里亚著．张新木，王晶译．冷记忆 2[M]. 南京：南京大学出版社，2009：113.

③ ［法］让·鲍德里亚著．刘成富，全志钢译．消费社会[M]. 南京：南京大学出版社，2000：2.

新文化和新受众心理 / 行为的演变，都将产生不可忽视的作用。

“函数”价值：艺术的组合与重构

“失独—关联—聚合”过程

从“函数”色彩到“函数”想象

鲍德里亚认为，传统意义的色彩具有“心理和道德上的暗示意味”，绘画使色彩得以解放。然而，“经过一段为期短暂的狂热解放（这个运动在艺术中特别明显，至于在日常生活中，实质上颇为胆怯……），被解放的色彩，又立刻为体系所回收……色彩也失去了各自独特的价值，变得必定彼此相关，并和总体相连；这就是为何我们将之称为‘函数’色彩的原因”。[①]《物体系》译者林志明指出，法文“Fonction”具有“功能”与“函数”两重意义，鲍德里亚将其理解从前者向后者移置。

当色彩经历“失独—关联—聚合”的过程，我们发现色彩原初的颜料属性早已被消解，取而代之的是与愈加消费化的社会对应的消费暗指（Connote）。比如购买赫本小黑裙的女性，并不在意黑色的文化修养价值，而更注重色彩“自由”的物化结果，以及与作为“物”的裙，甚至作为“物”的赫本之间产生关联的满足感。此时，色彩“不过是众多资料中或多或少具有复杂性的一元，整体解答中的一个元素……就是因为这样它才是‘函数’的，也就是说，它被化约为计算中的一个抽象概念。”[②]

时代发展至今，鲍德里亚或曾预感人类社会的诸多变化，传统艺术 / 影像的网络化改造，正与“函数”的抽象性对应，更确切指向“函数”的集合。借助函数的元概念，即数学函数集合概念，设 X、Y 为非空集合，当 $f: X \times Y$ 中的每个 $x \in X$ 对应唯一的 $y \in Y$，则 $\langle x, y \rangle \in f$，即形成 $f: X \to Y$ 的映射。也就是说，$f: X \times Y$ 构成的“物体系”，包含诸多与 X 与 Y（符号化的“物”）关联对应的 x 与 y（具体的“物”），x 与 y、X 与 Y 之间形成逻辑关系，并存在于 $f: X \times Y$（“物体系”）之中。以美国抽象表现主义代表画家杰克逊·波洛克（Jackson Pollock，

① ［法］让·鲍德里亚著 . 林志明译 . 物体系 [M]. 上海：上海人民出版社，2019：36-37.

② ［法］让·鲍德里亚著 . 林志明译 . 物体系 [M]. 上海：上海人民出版社，2019：38.

图 8-13　波洛克 1951 年使用滴画法（Drip　Painting）绘制的作品

1912—1956）为例，他坚信在色彩网式的作品中放大颜料物质性，能够获得形式 / 情感连接的视觉力量，对于画家而言，观众获得力量的源泉与其动作绘画（Action Painting）的实验密不可分（图 8-13）。

若波洛克早期作品以及后人对其绘画技法的思考形成“物体系”$f: X \times Y$，X 与 Y 对应色彩技法能指概念，色彩技法所指的对应式转型则分别指向 x 与 y。盖蒂保护研究所（GCI，The Getty Conservation Institute）对其运动的滴画技法进行更细致的电脑技术重现，每个电脑技术 y 对应波洛克原画技法 x，将电脑笔触更精确地探寻 $f: X \rightarrow Y$ 式的延伸性，此种映射能够促使后人在某种符合波洛克当时作画情境的视阈想象中，借助计算机绘制 / 网络传播这些类波洛克式的网生艺术作品，拓延其色彩 / 技法组合成“物体系”的完整性（图 8-14）。

诚然，鲍德里亚对“函数”的阐释，并非直接指向艺术 / 数学之间的连接，但对于能够操作新技术的人类而言，艺术的呈现方式绝对不只限于架上、工作室或者大地，而是从真实“物”走向虚拟“物”，激发更趋于想象空间的“函数”意指。

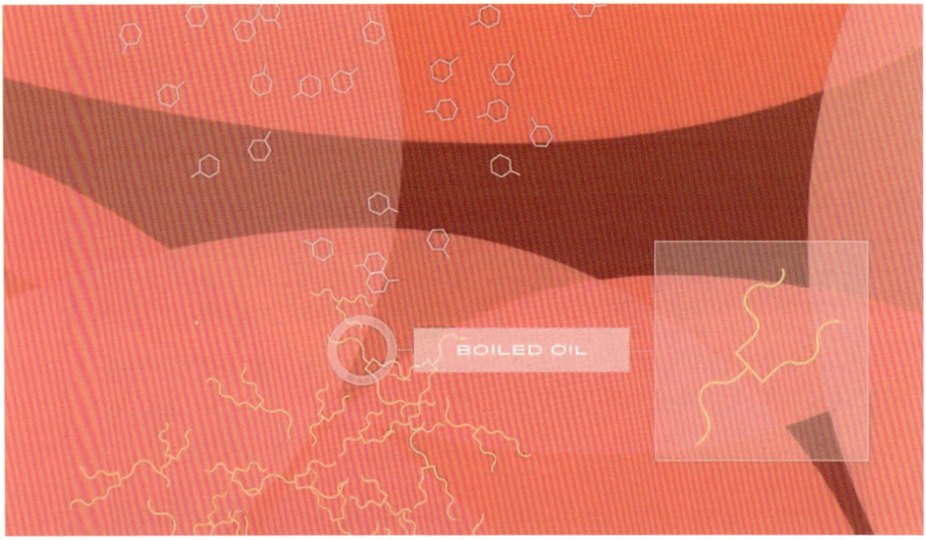

图 8-14　盖蒂保护研究所对波洛克作品中的粉色笔触技法进行分析

符号化的情感“函数”组合

当“物”的冰冷借由人类观照走向温暖的功能属性，其想象逐渐落地，人类使用“物”实现某个目的，实际即是在“使用”自我，“物”成为人类情感和行为的符号表征，f : X × Y 的集合不变，其内涵却从“物”的“物体系”转向“物” / “人”的“物体系”。鲍德里亚在《物体系》中，也对这种基于情感投射的关联性进行阐释：“物体是以一种拟人的方式（Authropomorphique）存在。人和形成其环境的器物因此是在同样一种肺腑与共的亲密感中发生关联。”[①]

就电影艺术而言，绝对不可简单理解为干性的物理支持的影像产物，其审美冲击力基于某种符号化的情感驱动，或可视为“后媒介”式表达。正如利茨 · 科茨（Liz Kotz）所述：“电影的媒介或支持，既不是图像的赛璐珞胶片，也不是拍摄它们的摄影机，既不是让它们栩栩如生地活动起来的投影仪，也不是将它们传送到银幕上去的光束，更不是银幕本身，而是所有这些因素汇合在一起的组合，包

① [法] 让 · 鲍德里亚著 . 林志明译 . 物体系 [M]. 上海：上海人民出版社，2019：29.

括观众介于身后的光源与投射到我们眼前的图像之间的位置。”[①] 在网络时代，电影艺术的发展无论保有院线特色，还是趋于网络生产 / 传播，依然对应“物”构成的组合：审美组合、艺术性组合以及文化组合……技术性、流行性及艺术固有的鉴赏性蕴含其中，使观众的情感投射在真实与虚拟之间，形成更为广博的“物体系”。本文开篇提及的“临在感”，即“人及物甚至紧紧联系，使得物因此得到一种密度、一种情感价值，那也就是我们惯称的物的‘临在感’”[②]，将会促使我们对网生艺术从视觉快感中产生深度好感，并激发能够使它们具有与惯常理解的网络瞬时性相异的稳定 / 高频率收藏价值的专业性介入，从而将情感“函数”组合的力度和准确度变得更为强大。

自我品位与“非理性”力量

基于“气氛”的“共时性”与“惯时性”

网络时代，艺术创作和传播的高普及性为大众带来视听享受，同时也在诸多垂直领域提出专业内容生产（PGC，Professionally-generated Content）需求。与上文所述的专业性对应，网生艺术形式多样，但制作和完成的过程并非陌生化。比如 Vlog（Video Weblog）短视频影像新形态，将千禧年伊始流行的博客与当下日益火爆的短视频制作结合，组成所谓新网生“物”。沉迷于此的大众无法自拔的原因很可能取决于鲍德里亚所谓指向自我的“逻辑一贯性的品位统一”与人类心理潜意识之间的契合，使我们发觉网络时代诞生的“物”与“物”构成“物体系”与“物体系”之间耦合 / 重组的可能，即扩大了 x 与 y 的疆域，促使 $x \in X$ 与 $y \in Y$ 组成 $f: X \times Y$ 的过程从线性变得越来越时空合一和网络化，“物”形成的“气氛”（Ambience）价值与对“物”的“收藏”欲望之间的“共时性”（Synchronique）/“惯时性”（Diachronique）意义凸显，展示出笛卡尔乘积（Cartesian Product）式的巨大覆盖面，以及某种网络化的“函数”特质生成。

首先，“气氛”与“物”的原初功能对立，比如手机的原初功能为通信工具，

① ［美］利茨·科茨．视频投影——屏幕之间的空间[A]．［美］佐亚·科库尔，［美］梁硕恩编．王春辰，何积惠，李亮之等译．1985 年以来的当代艺术理论[C]．上海：上海人民美术出版社，2010：111.

② ［法］让·鲍德里亚著．林志明译．物体系[M]．上海：上海人民出版社，2019：14.

而当下手机却能够成为照相机、摄影机、后期制作软件等诸多功能的集合。此时，对作为“物”的手机的理解趋于时间、空间、形式、情绪等“气氛”指征，“气氛”引发收藏欲，即对期待之“物”的心理收藏与呈现之“物”的真实收藏的双重“收藏”欲望。这一点，在互联网时代尤为突出。比如短视频制作中的图片、视频与背景音乐（BGM，Background Music）的卡点设计，上述手机从“物”变为生产上述素材之“物”的媒介，而素材又指向卡点设计之“物”的建构要素，最终形成的短视频则展示出基于手机、素材、技术、艺术性等多重真实“物”/虚拟“物”的集合。然而大众期待在准入门槛较低的网络时代能够自主、自为的轻松完成整个过程，但事实上，鲍德里亚当年的预判似乎尤为准确，他说：“面对功能物，人会变得失去功能、不理性、主观，变成一个空洞的形式，对功能神话，和与世界炫人耳目的效率相关的幻想投射开放自身。”[①] 或许最终短视频作品是否完成并不重要，重要的是，人类是否遵从于自我品位之“物”——可投射或内心无法外化的欲望。

其次，鲍德里亚指出“共时性”等同于气氛的结构，“惯时性”则指向时间的结构。网络时代的艺术形式，给予“物”之间产生横向“共时性”的可能性大幅增加，也可理解为互联网的“互联性”。譬如查尔斯·伯恩斯坦（Charles Bernstein）认为：“互联网为合作、连接和交流工作，以及同步事件或快速反应装置的可能开辟了道路。互联网把屏幕变成小型舞台，通过这种方式将剧院的特点同文字和图形艺术相结合。”[②] “惯时性”也可理解为纵向的“历史性”，“物”的进化与其对应。

在“惯时性”进化过程中，“共时性”也随之不断发生进化，这种进化势必借助人类行为得以落地。我们对网络新媒介带来的持续刺激乐此不疲，在某种潜意识的驱动下，借助互联过程中人与人之间不断生产和传播的新生“物”为意识服务，实践超越传统支配/自由悖论之外的身份存在感，凸显“气氛”的延伸义。

① [法]让·鲍德里亚著.林志明译.物体系[M].上海：上海人民出版社，2019：59-60.

② Charles Bernstein,I don`t Take Voice Mail[A].Susan Bee ed.,M/E/A/N/I/N/G:An Anthology of Artists` Writings,Theory and Criticism[C].N.C.:Duke University Press,2000:181.

从“时空错乱”到网络“再循环”

理解所谓“时空错乱”的前提在于把握某种“共时性”与“惯时性”的时空共识中心理、行为的流动状态，这是与上文“自我”“非理性”对应的媒介、技术和艺术性的思维表达。正如本文开篇提及的“双螺旋”，对于《物体系》所承载的鲍德里亚思想而言，指向“符号、拟像和模拟领域的普遍旋曲”，“旋曲”引发“错乱”。林志明称：“鲍德里亚的思考，不像一个无限的圆那样既可亲近又不可捉摸，反而是一个稳定的体系（DNA）……鲍德里亚本人构想这个双螺旋时，把它想成上升速度一致，不然它所要表达的对立性思考（Pens Dualiste），便会有更不平衡的后果。”①因此，如果说理论家的“时空错乱”尚属思维领域发展的必然，艺术家则在作品中将“时空错乱”思维之“物”转化为可见的艺术之“物”。“艺术家常在绘画、摄影和装置艺术中创造时间错位，他们将各种不同情境下的图像、物件和风格并列或叠加，却不在它们中间建立任何逻辑承接或逻辑关联。”②比如美国新表现主义画家大卫·萨利（David Salle），偏爱打破时间结构，挪用、拼贴的内容指向看似毫无关联之物，但其坚信“事物之间的联系不是偶然的”。（图 8-15）。

> 先有世界万物之间存在的联系，而后便有我画中形象之间存在的联系，那些联系并不相同，看不到两者的差异大概是最令人困惑不解的。
>
> ——大卫·萨利

网络时代的大众延续大卫·萨利式的“错乱”，在更多“物”之“错乱”中实现网络带来的“再循环”（Recyclage），比如对艺术作品的技术性复制、置换与重组等。人类对“物”的使用和改造日渐常态，“人在物身上找到的，不是死后余生的保证，而是不停地在每一个现在，以一种循环和控制的模式来持续体验他的存在程序，如此便能以操纵符号的方式（Symboliquement）来超越他真实的

① ［法］让·鲍德里亚著．林志明译．物体系［M］．上海：上海人民出版社，2019：11.

② ［美］简·罗伯森，［美］克雷格·迈克丹尼尔著．匡骁译．当代艺术的主题：1980 年以后的视觉艺术［M］．南京：江苏美术出版社，2013：142.

图 8-15 大卫·萨利作品《米开朗琪罗之后》(*After Michelangelo, The Creation*，2005—2006)

存在”。[①] 当真实存在与虚拟网络结合之后，操控的不只是“符号”，而是指向反身性的“意识”。也就是说，网络时代促使人类能够在不断与“物”的交集 / 融合中，审慎地认清自我。此时，“再循环”与“错乱”的“共时性”与“惯时性”重新整合对应，比如“投影技术提供了种种将空间、图像和主体加以整合的途径……方兴未艾的基于视频的‘屏幕实践’，看来会以其更大的活动性和技术灵活性，为重新思索和重新构成这些核心关系——介于观看主体、活动或静止的图像、建筑空间与时间之间——提供丰富的可能性，而这一点对于现代视觉文化是如此地带有根本性意义。”[②]

气氛溢现：物欲收藏与文化生成

趋于改造的物欲外显

网络时代，曾经“物”对人类的控制，看似转向人对“物”的依赖，以及想要控制但实际上依然被“物”，更确切地说是被具有收藏属性的“物欲”所控制的局面。如 VR、AI 等承载技术之“物”的出现，将 f：X × Y 中 X 与 Y 的疆域进一步拓延，展示人类对真实之“物”、虚拟之“物”与人类之间发生关系的拜技术式追求，即对某种极致的、物超所值的结合的迷恋，希冀在获得相同艺术观

① [法]让·鲍德里亚著．林志明译．物体系[M]．上海：上海人民出版社，2019：106.

② [美]利茨·科茨．视频投影——屏幕之间的空间[A]．[美]佐亚·科库尔，[美]梁硕恩编．王春辰，何积惠，李亮之等译．1985 年以来的当代艺术理论[C]．上海：上海人民美术出版社，2010：102.

图 8-16 用 AI 技术制作“动起来”的蒙娜丽莎

看可能的前提下，拥有并控制“物”本身，更进一步实现改造。蒙娜丽莎那一抹微微上翘嘴角带来的“光晕”（Aura）式哲思早已消解，取而代之的是会说话的、“活”起来的蒙娜丽莎（图 8-16）。

回溯艺术发展历程，对蒙娜丽莎的改造并非新鲜事，从达利（Salvador Dali）为蒙娜丽莎增加两撇符号化的小胡子开始，这种改造就与某种海德格尔（Martin Heidegger）式融入世界的“爱好”（Hang）密不可分。“操持爱好（Hang der Besorgnis）是生命的一种基本的实际倾向的表达，即生命倾向于脱落于自身(Abfallen von Sich Selbst)，同时倾向于沉沦于世界，且倾向于它自身之蜕化（Zerfall Seiner Selbst）。”① 人类渴望用乐在其中的方式，外化潜意识中的“关涉倾向”（Geneigtheit），“物”在基于“爱好”的大胆尝试中，不断从本有状态脱落（Fall）与沉沦（Verfallen）。

① 张一兵．回到海德格尔——本有与构境[M]．北京：商务印书馆，2014：328.

需注意，一切因“物”而起，“物”却不直接指向“沉沦”，原因在于“沉沦”可以视为经“物”与人类之间发生关联之后，在心理/行为共同作用下产生的“物体系”的组成部分，但其并非唯一或绝对要素，尤其在互联网时代，我们更愿意称其为视觉/心理“快感”（Visual Pleasure）的反应物。虽然此时生存于网络时代的我们，可能无法真正感知彼时海德格尔的悲切，但结合鲍德里亚对“物”的理解，即“物品不只是它所传递的信息：物品的意义不只是它的本义（Dénotation）和延伸意义（Connotation）。信息传递的载体本身有一个深沉而难以知觉的意义，因为它改变了我们的感觉和实践行为（Comportement Pretico-sensible）……机械化和自动化只是延伸人的力量的两种可能模式”。[①] 不难看出，物欲源自媒介带来信息交换的快感，当媒介不断变革至今，电子设备传输频率从3kHz—6GHz增幅为6GHz—300GHz的5G技术，每个人都可以成为一个网络移动基站（Small Cell）时，我们说“物欲”似乎在某种价值链效应（Value Chain Effects）和消费效应（Consumption Effects）共同驱动下得以解放。

然而，技术带来的解放结果，实际上回应了上文所述被物欲控制的局面。人类不断形成媒介化生存的细分样态，渴望在对“物”的“玩弄”中掌控一切，却更受制于此，这也回应了鲍德里亚理论近乎天然的批判性。当下，我们与其将媒介进化的巨大力量视为诸多交叉研究的焦点，毋宁说更注重人类发展过程指向的鲍德里亚式的“气氛”溢现，即在“气氛”形成的“物体系”中，找寻“体系”与“体系”之间的连接，以及思维的更广视阈。

媒介变革：新鲍德里亚式解读

网生艺术的媒介/技术“函数”

从上文不难看出，媒介已成为改变人类思维和行为的推动器。互联网的出现，不仅改变人类传播交流的方式，更促使信息逐渐成为可交换的“物”，“从‘只读’（广播的、一对多的）到‘读写’（交互的、端对端的）”。[②] 人类借由技术与信息之“物”在网络时代穿梭无阻，同时也为艺术发展带来新的转型。英国艺术家大

① ［法］让·鲍德里亚著．林志明译．物体系[M].上海：上海人民出版社，2019：16.

② ［澳］约翰·哈特利著．李士林，黄晓波译．数字时代的文化[M].杭州：浙江大学出版社，2014：17.

卫·霍克尼（David Hockney）曾幻想，“我一直在努力寻找一些讲故事的方法，以这些方法观众能自己设定速度，按照自己的方式随意来来回回，进进出出”。①

如今，5G 技术来临，使霍克尼式的想象趋近实现。有人说：“5G 时代，不只是你在看影像，它也在看你。”② 正因其不同以往的媒介 / 技术魅力，在有限的范围内拓展 f：X × Y 无限的“函数”视阈，人类可不局限于封闭空间内使用网络，转而借助整个自然界实现信息传输。此时，艺术创作将作品与观众之间的关系变得更为紧密和微妙，如基于网生的个性化电影，将以基于交互式视频图层（Interactive Video Layers）的形态出现，借助手机摄像头对用户心理、情绪等进行分析，从而达到实时调整此时此刻观看内容适应度的目的。这归功于 5G 近乎没有延迟的速度，网络和传输系统将足够快地应答人类生理 / 物理反应。

回溯鲍德里亚《物体系》中的设想：“向您发出信号的，只是您在游戏每一步骤中的差异和构想策略时的基本设计，而不是独特关系中的秘密。”③ 当功能“物”不再转化为某种“排列布置和游戏”时，所谓“秘密”不再隐藏，媒介技术促使“物体系”中的多重关系昭示于众，此时，时代、社会、媒介与人类进化才真正得以价值化，这种价值我们或可称之为“策略”（Tactique）。5G 将无法藏匿的心理与行为，转化为对“策略”的尊重和执行，这也将是新“物体系”不断稳固和多样发展的人类心理基石之一。与“函数”对应，人类或将焦点移置于 f：X × Y 的 ×、f：X → Y 的→以及 x ∈ X 的∈，这些连接物与“策略”式的新生存样态对应，是否连接？是否归属？甚至，是否存在？……人类将重回某种哲学批判性 / 质疑性并存的视阈，来面对如今不断影响我们生存的智能时代。

网生艺术的消费 / 文化“气氛”

智能为网生艺术的生存提供更虚拟的、更富想象力的场域。在上文所述价值

① ［美］简·罗伯森，［美］克雷格·迈克丹尼尔著．匡骁译．当代艺术的主题：1980 年以后的视觉艺术 [M]. 南京：江苏美术出版社，2013：145.

② Joan E. Solsman,With 5G, You Won’t Just be Watching Video. It’ll be Watching You,too[EB/OL].https://www.cnet.com/news/with-5g-you-wont-just-be-watching-video-itll-be-watching-you-too/,2019-08-31.

③ ［法］让·鲍德里亚著．林志明译．物体系 [M]. 上海：上海人民出版社，2019：20.

链效应和消费效应的双重驱动下，充足的市场力量将倒逼内容的优质化呈现，诸如基于网络切片（Network Slicing）技术的独立终端 / 独立网络，将实现艺术创作的即时性，增强观众的“临在感”。在这个过程中，由于直播、下载等不受限制，人类能够借助新媒介技术实现鲍德里亚对“物”收藏的思考。鲍德里亚曾说：“收藏是一个良好的模范：因为便是在这里，拥有的激情事业大获全胜，而日常生活的散文化为诗篇，潜意识的和洋洋得意的论述。”①

当下从“收藏”物品到“收藏夹”的网生转变业已常态化，可随身携带的媒介终端成为“收藏”的最优载体。鲍德里亚提出：“物品只有在缺席的时候，才有特别例外的价值……我们得质问，是否收藏注定要被完成，是否缺乏（Le Manque）在其中扮演一个不可或缺的基本角色，甚至是正面角色，因为缺乏是主体通过客体自我掌握的手段。”② 然而，人类“收藏”行为的便捷、及时等特质，将不断激发更多“收藏欲”落地。同时，“收藏”也成为“物”功能性的延伸，将“物”从物质消费的使用转向心智消费的满足，随之产生的是基于媒介与消费的新文化形态和基于这种文化形态的“气氛”范式，笔者更愿意称之为网络时代的精神性。针对艺术而言，真实对应具象，虚拟对应抽象，在网络时代，我们需要符合时代发展和文化流变的艺术作品，对人类精神之“物”的“收藏”起到推动作用。正如安妮·摩根（Anne Morgan）所说：“艺术品能表现某种超越我们日常现实的神秘的交流形式，这种潜能是巨大的。抽象艺术无疑有助于实现这一目标，因为很多精神性概念本质上就是抽象的（如‘无限’）。”③

当下网生艺术的大众化程度逐渐普及，“人人皆可成为艺术家”不再局限于想象性视阈，但从大众较易生产和传播的短视频、自媒体等网生“物”形态来看，视听内容的呈现与艺术性相去甚远。当然，如此判断的前提在于我们依然从艺术专业性的角度去看待艺术的传承与发展。此时，创作的专业性如何把控？如何实现与媒介普及并行的专业性普及？这些议题，对智能 / 媒介化生存人类的耐心提

① ［法］让·鲍德里亚著．林志明译．物体系[M].上海：上海人民出版社，2019：94.

② ［法］让·鲍德里亚著．林志明译．物体系[M].上海：上海人民出版社，2019：101.

③ ［美］简·罗伯森，［美］克雷格·迈克丹尼尔著．匡骁译．当代艺术的主题：1980 年以后的视觉艺术[M].南京：江苏美术出版社，2013：315.

出极大挑战。

诚然，借由鲍德里亚批判的思维方式，我们或可将当下诸多非专业艺术性的所谓网生艺术创作之“物”视为某种伪态，与鲍德里亚《物体系》对某种称之为“玩意儿”（Machin）的“无名之物”的关注对应。其属于伪功能性的“物”，依然存在于人类对“物”的想象性“气氛”追求之中，“作为一个漂浮的括弧、一个和它的功能相分离的物品，一个‘玩意儿’或一个‘东西’（Truc），它隐藏的意涵，是一种模糊的、没有限定的功能性，它也许是一个想象的功能性在意识中的形象吧”。[①]

“物体系”的新反应式满足

如果说《物体系》对“物”的基础性功能给予看似超越于“人”本身的观照，从“物”到“物”/“人”的焦点转变，则体现在他从《物体系》到《消费社会》（*Consumer Society*，1970）的思维转型。在《消费社会》中，鲍德里亚延续《物体系》的观点，继续强化“物”对人影响，“物是由人的功能性效用所塑形和编织起来的海德格尔式的上手性有序世界。作为‘人类活动的产物’，这种由人自己造出来的物不仅不能为人服务，倒‘反过来包围人、围困人’”。[②] 此番“物役性”的阐释，移置于网络时代，恰到好处地指向网络虚拟属性带来的虚拟世界建构，与鲍德里亚老师居伊·德波（Guy Debord）的“景观”（Spectacle）呼应，一股基础性功能物的回归之风，吹向新媒介生存的人类，形成新反应式的满足。看似越发形而下的媒介、消费、文化场域，却暗示鲍德里亚庞大的想象性视阈中真实“物体系”与虚拟“物体系”之间的深层关联。

人类渴望身体与精神扎根于这层关联中，让某种难以抑制的“物欲”冲动转化为各种细分/聚类“物”的收藏欲，给予人类的反应式满足，主要分为主动满足和被动满足两大类。

主动满足指向人类在反应中自主形成的本我自我与超我的平衡，如流行文化中御宅族（Otaku）群体对宅之“物体系”（包括手办、虚拟消费、衍生产品

---

① ［法］让·鲍德里亚著．林志明译．物体系[M].上海：上海人民出版社，2019：128.

② ［法］让·鲍德里亚著．刘成富，全志钢译．消费社会[M].南京：南京大学出版社，2000：4.

等）的自我建构，其世界观的养成模式与宅文化对应，甚至主动形成对本能欲望自我压抑的宅文明；饭圈女孩对偶像表现出不容侵犯的、主动又极致的语言、心理与行为的拥趸力等。另一类流行文化则指向科学 / 科幻的应用，如马修·里奇（Matthew Ritchie）根据粒子物理学和创世神话创作的油画《2046 自画像》（*Self-Portrait in 2046*，2003）、缪晓春用全三维模型塑造人物的《虚拟最后的审判》等，均展示出“视觉艺术家对视觉文化中科学再现的回应和他们对科学本身的回应一样多”。①

与之相反，观看抖音、快手等短视频 App 或淘宝直播等视听新媒体内容的数量庞大的群体，归为被动满足的范畴。原因在于，虽然大多数群体观看短视频、网络直播时心理趋于轻松快乐，但事实上，这种瞬时感性快感的产生，与理智人类对价值 / 正向“物”的真实需求相去甚远，此时的大众浑然不知，却又对某种被反应式的满足表示欣然接受，类似于拉康（Jacques Lacan）所谓“他者欲望”的满足。也正由于被动的次数、频率较高，导致短视频 App 开始进行专业性 / 艺术性的内容制作，设计诸多功能程序，满足从被动获得快感走向主动反应式满足的需求建构。网络直播则与带货密切联系，发挥快感满足之后“物”的消费功能的“回归”。

上述“满足”不仅指向人与“物”的关联，更引发我们进一步思考：人在获得“满足”的过程中是否也在逐步实现与“物”相似的功能化？有研究者认为：“物的功能化产生的是一个中立化的、祛魅的世界。对于这个世界，物的功能互指性构成了物的自恋性神话。与物的功能世界相对应的层面，就是人的功能化以及在这个功能化中产生的人的主体性幻觉，这是人融入物的世界的心理基础。”②虽然我们不愿承认所谓“融入”的行为，但不可否认，人类在不同媒介环境中经历从“物化”到“物欲”，甚至再到“物种”的制造渴求，是借助新技术、新观念实现网生艺术新表达的关键所在。

---

① ［美］简·罗伯森，［美］克雷格·迈克丹尼尔著．匡骁译．当代艺术的主题：1980 年以后的视觉艺术 [M]．南京：江苏美术出版社，2013：284-285.

② 仰海峰．符号之镜：早期鲍德里亚思想的文本学解读 [M]．北京：北京师范大学出版社，2018：97.

无论主动还是被动的反应式的“满足”，都促使人类在媒介变革不断增速的今天，思考虚拟网络的现实意义，真实“物”逐渐转型为“拟像”（Simulacra），生产出的艺术拟像、思维拟像等，都是真实的。甚至鲍德里亚所说的“正是地图的出现导致领土的产生”[①]的比喻，将某种隐匿于现实与虚拟之间的“超真实”性（Hyperreality）再次放大，实现真实现实 / 虚拟现实的再生产。

结 语

综上所述，鲍德里亚思想“并不是一种文化时尚，而是对现代生活提出的质疑和挑战，并开启了许多新的研究方向”。[②]其展示出对时代的参悟式批判，同时蕴含预判性。其焦点看似围绕“物”进行论述，实际上深深扎根于“人”本身，显露出强烈且富有哲理的人性关怀意味。而《物体系》的理论遗产，也助力我们重新思考如何建构当下和未来网络世界艺术创作的功能性“物”排列组合的有序结构，这是一种新本体论式的关联和思维方式。当我们满怀欣喜面对一切将要到来的可知与不可知时，鲍德里亚却用一句警示之言延续其微笑刺客一般的批判性——“物品绝不可逃脱朝生暮死和随波逐流的命运。”[③]人类亦如此，面对同样属于 $f: X \times Y$ 的“命运”二字，无法逃脱死亡之“命”，唯有在对人生欠缺（Manque）之“物”的期待和努力中，始终坚信“唤醒联想的力量”[④]，建构全人类进化的“物体系”之“运”。

注：本文受2019年北京高校高精尖学科建设项目（北京电影学院—艺术学理论）资助。

① ［法］让·鲍德里亚．拟像先行[A].［美］布莱恩·沃利斯（Brian Wallis）编．宋晓霞等译．现代主义之后的艺术：对表现的反思[C].北京：北京大学出版社，2012：285.

② Doulas Kellner,Jean Baudrillar：From Marrism to Postmoderism and Beyond[M]. California:Standford,1989:2.

③ ［法］让·鲍德里亚著．林志明译．物体系[M].上海：上海人民出版社，2019：161.

④ ［法］让·鲍德里亚著．林志明译．物体系[M].上海：上海人民出版社，2019：191.

第六节　课程学习考核范围及要求

按照 64 学时设置，本课程考核建议分为两部分：

在第 6 周，布置考核内容一：借助问卷星等工具，做调查问卷。

在第 12 周，布置考核内容二：根据调查问卷结果，结合相关理论，撰写带有理论性和应用性的调查报告，不少于 2000 字。

考核难度根据学生年龄、年级层次具体设置，以北京电影学院视听传媒学院该课程为例，主要为广播电视编导专业学生大一下学期专业必修课。可见，其既体现出必修 / 基础课程的特点，又能够与学生同时所学的其他技术类、实操类课程对应，实现理论联系实践的特征。

【思考题】

结合受众研究理论与案例，谈谈你对受众研究理论未来发展的看法。

后　记　视听新媒体受众研究课程教学方法刍议

综上所述，基于广度和深度都具有明显交叉属性的传播学视阈的受众研究，国内研究呈现出明显的跨学科视角，真正基于受众研究的“受众研究”课程和教育研究缺失，基于戏剧与影视学一级学科的受众研究理论缺失，“受众研究”教育特色和教学方法研究更是空白。国外研究鉴于其传播学的西方“元视阈”，致使研究呈现出更具有传承性的拓延属性，但对受众研究教育领域的研究也多见于能够丰富和拓展“受众研究”教学内容的受众研究理论自身发展，倾向于科研研究而非教学研究；同时，虽针对影视受众研究具有一定的理论延展性，但针对影视类高校的受众研究相关课程设计和教学方法研究也较为缺失。因此，本教材《视听新媒体受众研究》的完成将对影视类高校“受众研究”及相关理论与实践紧密结合的应用理论课程研究进行弥合，亦能促使教学方法呈现出更具特征性、实践性和思想性的内涵和外延。

本课程的教学旨在强化理论与实践结合的应用理论课程属性，将受众研究理论与本校其他本科生实践教学课程紧密结合，凸显理论来源实践，最终指导实践的能力。亦在研究中强化“文以载道”式的教学方法研究目标，使课程的特点和典型性在高校范围内具备鲜明的实用意义和理论价值。

在具体教学过程中，笔者结合教学经验与理论、实践案例，发现相关教学主要有以下三个需要解决的问题：

1. 传统传播学理论体系和教学体系下设的受众研究，如何与戏剧与影视学要求对应，在课程中展示理论结合实践的应用性，体现出影视类高校本科生、研究生的“视听新媒体受众研究”课程的特色属性。

2. 在影视受众研究的交叉学科和教学方法基础上，如何结合时代发展和媒介变革，将《视听新媒体受众研究》的内容与“从大银幕电影到小屏幕视听新媒体”的时代转型结合，进行课程和教学创新设计。

3. 教学方法是本课程的主要落脚点，因此需解决如何在教学方法中，借助新方法对传统受众研究和视听新媒体受众研究之间的传统 / 创新的关联进行较为通俗易懂的讲授，实现教师对时代、政策、媒介、流行文化等新生事物的敏感度与传统教学内容之间的融合，能够将与受众相关的正向案例融入教学内容之中，确保教学方向的正确性。同时，需解决如何实现研究成果的教学应用，既保证本科生、研究生对理论与实践的双重理解和学习，又能切实启发本科生自主思考的能力，提升他们对创作更专业的感知度，从而为我校创作人才培养提供助力等诸多整体 / 细化结合的问题。

具体来看，课程教学所采用的 PPT 形式包括图片（包含动图）、文字、视频等传统样式，又在其中借助阅读式、研究式的思路导引线进行设计，通过通俗易懂的案例和理论 / 实践思路启发，尤其是具有北京电影学院特色的电影案例与传播学受众研究的联动启发，起到激发学生“黏”性学习兴趣的效果。

PPT 板书示例图如下：

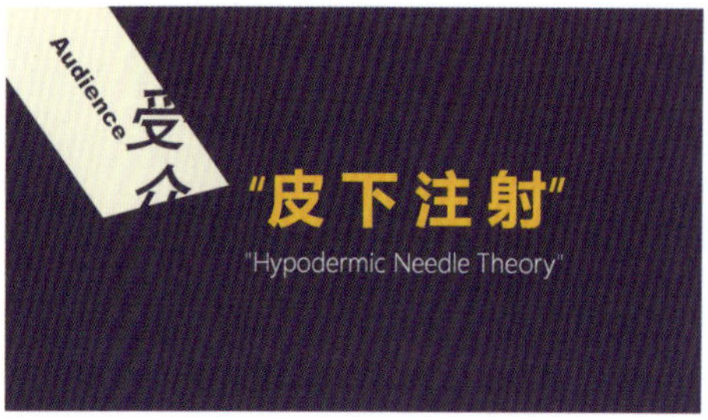

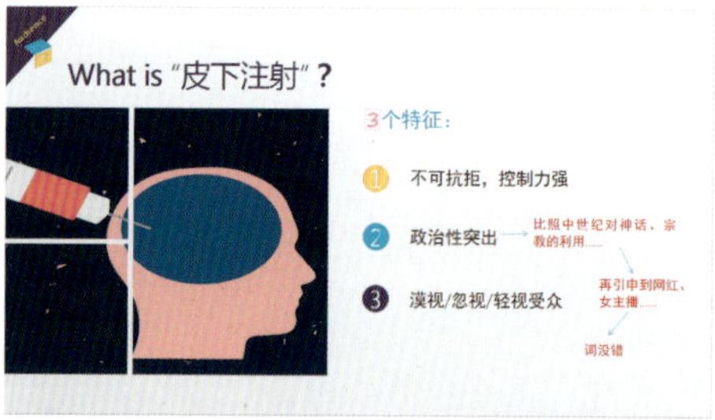

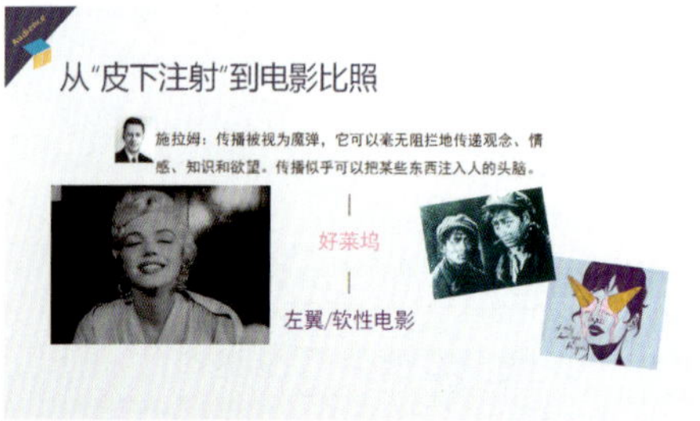

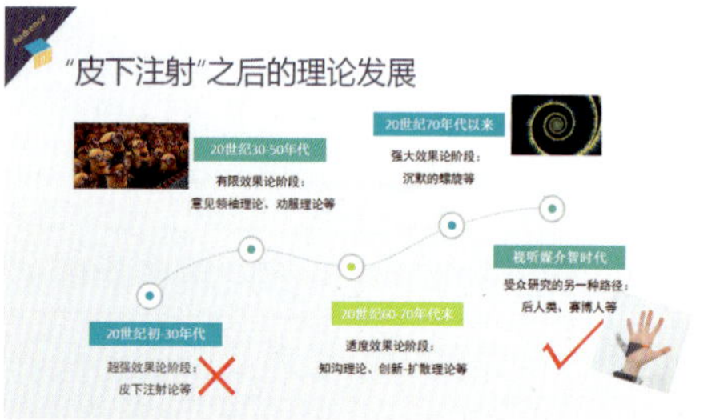

授课方式：理论部分以课堂讲授为主，实践部分以受众研究的调查报告为主。本项目负责人期望采用慕课等新形式对该课程教学方法进行尝试，但在多方调查和实践后发现，慕课方式并不适用于北京电影学院“受众研究”课程，该问题也将在本项目结项成果中进行阐释，达到拓展新教学方法的理性反思目的。

学生类型：鉴于受众的广度和深度，面向学生为北京电影学院全体本科生和影视类高校本科生。年级建议以大学一年级下学期或二年级上学期为主。本课程既可以作为视听传媒学院的专业必修课，也可以成为北京电影学院本科生的公选课。

最后，就本教材撰写而言，笔者深刻感受到时代发展、媒介变革和文化流变的力量，很多数据和事件，在撰写过程中发生巨大的转变。这就给我们的教学和科研提出更高层级的能力要求。作为一名教师，尤其是受众研究方向的教师，无论你的对象是传统影视、视听新媒体、网络流行文化还是其他更广、更深层次的领域，都应当明晰自身与时俱进的责任。这让笔者想起读大学时的一位恩师，虽然他早已去了天国，但他所说的那句话铭记在心：“无论你做什么，都要有悲天悯人的情怀。”这一点，始终在我做决断和深思时，成为一种本源的警示。受众研究，目标是人，更是我们自己。

感谢我的母校和单位——北京电影学院的培养与爱！感谢视听传媒学院院长、我的博导宿志刚教授，副院长程樯教授及可亲可爱的同事们！感谢我在北京体育大学新闻与传播学院读新闻传播专业时打下的坚实基础，感谢老东家《人民日报》的栽培！感谢我的父母、家人、学生和朋友们，有你们的支持，我更安心。最后也希望和大家共同探讨，让人成为人，让我们终究——成为我们自己。

附　拓展阅读书目（以下排名不分先后）

[英]丹尼斯·麦奎尔《受众分析》

[美]尼尔·波兹曼《娱乐至死》

[法]让·鲍德里亚《物体系》《消费社会》

[法]勒庞《乌合之众》

[法]海德格尔《存在与时间》

[德]基特勒《留声机 电影 打字机》

[英]赫克托·麦克唐纳《后真相时代》

洪俊浩《传播学新趋势》

谢辛《媒介·视听·文化——一种批判的视角》

谢辛《视听新媒体受众生态位研究》

谢　辛　于北京金隅泰和园

2021 年 4 月

责任编辑：余　谦
装帧设计：秦逸云
责任校对：朱晓波
责任印制：汪立峰

图书在版编目（CIP）数据

视听新媒体受众研究 / 谢辛著 . -- 杭州 : 浙江摄影出版社 , 2021.5（2023.2 重印）
北京电影学院视听传媒专业系列教材
ISBN 978-7-5514-3136-1

Ⅰ . ①视… Ⅱ . ①谢… Ⅲ . ①视听传播—高等学校—教材 Ⅳ . ① G206.2

中国版本图书馆 CIP 数据核字 (2020) 第 242217 号

北京电影学院视听传媒专业系列教材
SHITING XINMEITI SHOUZHONG YANJIU
视听新媒体受众研究
谢 辛　著

全国百佳图书出版单位
浙江摄影出版社出版发行
地址：杭州市体育场路 347 号
邮编：310006
电话：0571-85151082
网址：www.photo.zjcb.com
制版：浙江新华图文制作有限公司
印刷：浙江新华印刷技术有限公司
开本：710mm × 1000mm　1/16
印张：9.75
2021 年 5 月第 1 版　　2023 年 2 月第 2 次印刷
ISBN 978-7-5514-3136-1
定价：48.00 元